北京师范大学-顺义区课程育人骨干教师课程
管理能力提升项目 PBL 案例

通向未来的桥梁（上）

北京师范大学 EDP 中心　编著

中国财富出版社有限公司

图书在版编目（CIP）数据

通向未来的桥梁. 上 / 北京师范大学 EDP 中心编著. —北京：中国财富出版社有限公司，2024.5

（北京师范大学－顺义区课程育人骨干教师课程管理能力提升项目 PBL 案例）

ISBN 978－7－5047－8170－3

Ⅰ. ①通… Ⅱ. ①北… Ⅲ. ①教师培训—研究 Ⅳ. ①G451.2

中国国家版本馆 CIP 数据核字（2024）第 106963 号

策划编辑	周 畅	责任编辑	田 超 刘康格	版权编辑	李 洋
责任印制	梁 凡	责任校对	张营营	责任发行	杨 江

出版发行	中国财富出版社有限公司		
社　　址	北京市丰台区南四环西路 188 号 5 区 20 楼	邮政编码	100070
电　　话	010－52227588 转 2098（发行部）	010－52227588 转 321（总编室）	
	010－52227566（24 小时读者服务）	010－52227588 转 305（质检部）	
网　　址	http://www.cfpress.com.cn	排　版	宝蕾元
经　　销	新华书店	印　刷	北京九州迅驰传媒文化有限公司
书　　号	ISBN 978－7－5047－8170－3/G·0813		
开　　本	710mm×1000mm　1/16	版　次	2024 年 6 月第 1 版
印　　张	9.75	印　次	2024 年 6 月第 1 次印刷
字　　数	109 千字	定　价	58.00 元

版权所有·侵权必究·印装差错·负责调换

编委会

编委会主任：

朱生营　秦晓虹　李广生　赵连顺　王继霞

编委会副主任：

高子涵　刘　岚　沈振玉　王　冠

委员：

罗东红　赵乃姿　杨　爽　刘　伟　刘　斌

马丽娟　郝　磊　王　帅　张海飞　王　玲

王亚彬　刘立竹　黄秋娟　周　燕　沈玉伶

赵春宇

目　录

小学 PBL 案例

时光友人，做时间的朋友 …………………………………… 003

基于真实情境的跨学科项目式学习案例 ………………………… 015

小眼睛　大世界 ………………………………………………… 024

我"绘"讲数学

　　——1 亿有多大 …………………………………………… 030

压岁钱去哪儿 …………………………………………………… 042

作为瓷砖设计公司，如何用密铺的知识设计大家喜欢的瓷砖？

　　——PBL 项目式学习案例 ………………………………… 047

"Me and my animal friends" 项目案例 ……………………… 057

"Hello 新朋友"

　　——我们的小小动物园 …………………………………… 065

小图书角的变迁 ………………………………………………… 075

我的英语绘本我来讲 …………………………………………… 084

植物探索者之冬天的植物
　　——PBL 项目式学习案例 ……………………………… 093
"小小童话家"项目式学习案例 ………………………………… 100
中华优秀传统文化"我是光明小诗人"古诗词诵读课程 …… 106

中学 PBL 案例

"除藻大战"项目化合作学习实施方案 ………………… 113
"编织梦想　描绘未来"项目案例 ………………… 124
"荒石园"里谁最美　提质增效，项目式学习助力
　《昆虫记》名著阅读
　　——新课标实施后借助项目式学习推进整本书阅读教学 …… 134

小学 PBL 案例

时光友人，做时间的朋友

北京市顺义牛栏山一中实验学校小学部　罗东红

一、项目背景

时间管理，一直都是校园生活中的重要课题。尤其在线上与线下授课相结合时，上课迟到、浪费时间的现象时有发生，在线上课及周末没有监督的情况下，个别学生电子产品的使用时间过长，不利于身心健康。

广大教育工作者要遵循教育教学规律，落实立德树人根本任务，发展素质教育，培养全面发展的人，注重学生关键能力培养。时间认知和管理能力，是学生需要掌握的必备能力。

为优化课程结构，设立跨学科主题学习活动，加强学科之间的互相关联，带动课程综合化实施，强化实践性要求，在中高年级开展了以时间为主题的项目化学习，为培养学生高阶思维和解决问题的能力进行学科融合，让学生在时间管理的主题下进行深度思考。

二、项目核心设计要素

（一）本质问题

通过正确认识自己、了解自己，在感知时间的基础上，如何设计一份专属的时间表，通过对时间表的合理规划，让自己有更多的时间做自己喜欢的事、有意义的事？

（二）驱动性问题

经过几次讨论、修改之后，确定了以下驱动性问题。

有报道称，有些学生沉迷于电子产品，最多一天花费 10 多个小时在电子产品上，除了上网课，还会借上课之便玩电脑、iPad 或者手机上的游戏，看视频等，成了被"手机控制的人"。

在线上课期间，也有家长跟班主任反馈："每天都不知道自己的孩子在做什么，作业完不成，也无法牢固掌握学习的知识，但是孩子每天都坐在电脑前、书本前学习，这是为什么？"同时有的学生向教师提出自己的疑惑："自习的时候我要做什么？我也背诵了好多遍了为什么还是记不住？""班级中也有一些同学，博学多才，学习效率高，是同学们的榜样。大家一起玩的时候他们也没有在学习，感觉他们似乎有更多的时间做自己喜欢的事，比如打篮球、踢足球，我也想这样，可是我的时间总是不够用，为什么会这样？难道大家的时间不一样吗？"

所以，对于时间我们应该有更好的了解和规划，为了有更多可以自由支配的时间，我们应该如何设计规划好自己的时间表呢？

（三）核心知识与技能

1. **单一学科要点**

（1）语文

了解时间的意义，在阅读、鉴赏、创作诗歌的活动中，进行语言建构与运用，发展联想思维，提升审美素养，理解和传承"惜时"文化。

（2）数学

①了解制订时间规划表时所选数字的意义。

②了解数据记录、数据统计、数据表达。

（3）英语

了解关于时间的英文谚语。

（4）信息技术

①了解数据分析、数据表达、算法。

②了解统计数据。

（5）心理

①认识自己，了解自己。

②感知心理时间。

2. 跨学科关键概念

分析与思辨

三、项目实施

（一）入项

1. 发布驱动性问题

向四、五、六年级学生发放关于时间的调查问卷，总结问卷结果，进行分析。向学生阐述驱动性问题。

2. 细化时间概念

对时间的主题进行细化分类，具体到学科知识层面，细化为可以具体学习和共同研讨的学科知识。

3. 学生分组

根据细化的子主题，让学生选择自己感兴趣的主题，参与子主题的实践探讨与研究。

（二）知识能力建构

1. 确定要研究的问题

在充分了解主题意义和任务的前提下，教师按照学科目标对时间相关主题进行分类，子主题为认知时间、感知时间和管理时间（见图1）。其中认知时间和感知时间更多是让学生对抽象的时间概念进行认知和体会，让学生懂得时间的重要性，并具体化时间概念，让学生有切实的时间感受。

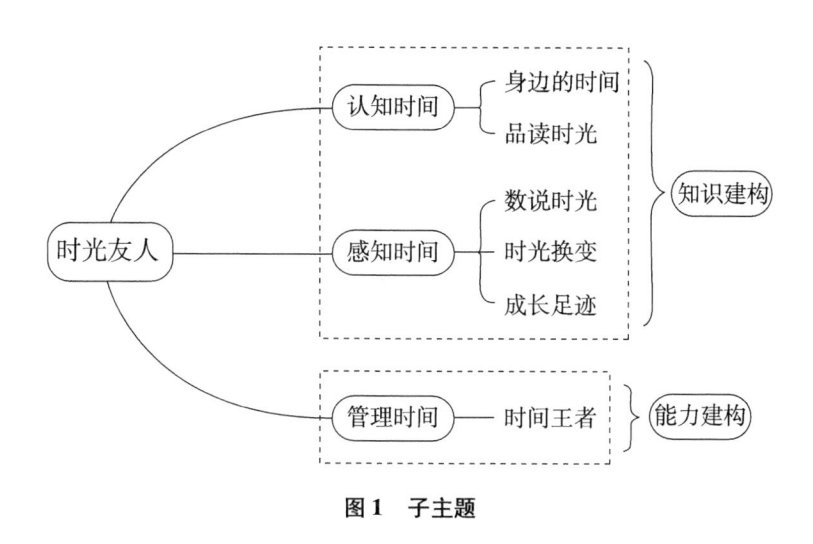

```
                  ┌ 认知时间 ─┬ 身边的时间 ┐
                  │          └ 品读时光   │
                  │                      ├ 知识建构
                  │          ┌ 数说时光   │
时光友人 ─────────┼ 感知时间 ┼ 时光换变   │
                  │          └ 成长足迹   ┘
                  │
                  └ 管理时间 ── 时间王者 ── 能力建构
```

图1　子主题

2. 确定小组合作探讨模式

在对时间探讨的过程当中，为了更好发挥每个小组成员的作用，确定小组合作探讨的方式，以便学生对探讨的时间问题进行深入和全面思考。小组讨论八原则见图2。

3. 搜索资料，研究课题

①学生围绕"一分钟我们可以做些什么"（见图3）进行讨论，认知时间。

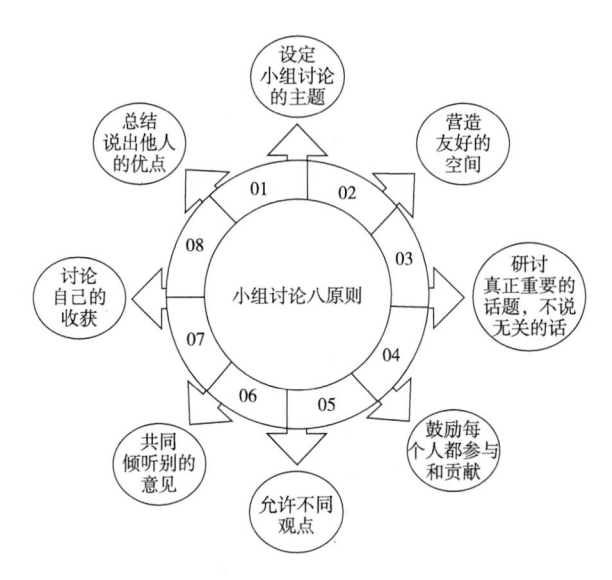

图2　小组讨论八原则

一分钟可以浏览一份40多版的日报

一分钟可以看5~10个精彩的广告短片

一分钟可以跑400米

一分钟可以做20多个仰卧起坐

一分钟可以做一次成功的助攻，一场球赛的胜败往往就在最后一分钟甚至几十秒中确定

一分钟可以……

一分钟在生产上可以发挥多大的作用？

一分钟，先进的运煤机可以运煤21吨

一分钟，太阳能水泵可以抽水380吨

一分钟，一台大和面机和面200斤

一分钟，一条彩电生产线可以组装一台半彩色电视机

图3　一分钟我们可以做些什么

②学生已经在科学课上学习到了植物的生长周期和时间带给不同生物的变化，也在科学课的学习中探索每天的时间。时光匆匆如流水，一寸光阴一寸金！那么时光是怎样计量的？时光长短以谁为尺，根据什么来度量？学生一起去追光，去探索，体验时光带给人们的惊喜。

③在充分了解时间的基础上，学生探究身边的时间，首先对自己在课堂上的专注时间进行了预测，然后记录了日常上课状态数据，使用数字化工具收集、分析数据后制作了可视化图表，通过将其与预测时间进行对比，发现了数据背后隐藏的信息和调整上课状态的方向，撰写时间管理报告，在此过程中感悟数据的意义和价值，从而做出改变。

④时间都去哪儿了？成长足迹中最想留下什么？成长足迹中最期待什么？在学习任务的驱动下，师生共话"回首过去、立足现在、展望未来"的生命成长之旅。你是否知道你的成长足迹是怎样的？你想过怎样的人生？从牙牙学语的婴儿、厚积薄发的少年、上有老下有小的中年人，到白发苍苍的老人，"0~100岁"你想如何度过？你会如何诠释生命状态相应的画面呢？每位学生带着对过去的回忆、对现在的观察、对未来的憧憬，开启"0~100岁生命小书"的探索之旅。生命小书，讲述了一百年的人生，每一个人在不同的年龄段有着不同的想法和故事，每一个故事背后有着不同的思考，学生看到过去的自己、现在的自己、未来的自己。成长悄然发生，学生珍惜当下，勇敢追梦。

⑤基于对时间的感知，学生如何根据自身特点、学习任务合理地确定时间计划呢？对于自身的认知明确清晰，才能够高效地去利用时间。认知风格和记忆特点是自身认知的两大重要方面。学生对学习适应性测验（AAT）相关问卷作答，回答"我的认知风格是什么样的？我的记忆类型是什么类型？"等问题，以期获得准确的学习类型。该测验问卷由华东师范大学周步成教授组织编制，信效度良好。

测试结束后，学生对自己的学习类型有了更全面认知，可按照自身认知高效策划时间。除了自身认知，注意力集中更是高效利用时间的必备条件，那如何提升注意力呢？有时间拖延问题该如何解决？学生一起探讨学习效率相关内容，感受高效学习的乐趣。

（三）形成成果与修订

学生想要成为时间管理的王者，需要做好自己的时间规划，需要进行自我剖析，设计一份自己能够坚持、乐于坚持的时间规划表。制作该表的过程也是一个自我认识的过程。

学生对自己一周所需要做的事进行罗列，并按照自己的认知风格、记忆特点和意愿程度进行安排；在充分讨论别人和自己一周时间规划后，完成专属时间规划表。

（四）出项

通过前面的学习和理解，学生给自己设定了时间规划表。每一个时间表的设定都有一定的原因,学生向课题组同学和教师进行阐述说明,并利用为期两周的时间执行时间规划表。

四、项目评价

(一)个人成果展示与评价

1. 个人成果展示

学生展示自己的个人时间规划表。

2. 个人评价

①制表过程评价(见表1)。

表1　　　　　　　　　　制表过程评价

评价标准	分值(1~5分)	评语
我阅读各种纸质和电子资料		
我使用网络查询合适的资料		
我使用了最适合的资料		
我不断完善我的时间规划表并实施我的决定		
我与老师和同学协作以验证我的观点		
我注明了我所采用资料的出处		
我有效地整理我的资料		

②制表成果评价（见表2）。

表 2　　　　　　　　制表成果评价

评价标准	分值（1~5分）	评语
科学性		
合理性		
可行性		
小组成员认可性		
教师认可性		
家长认可性		

（二）团队成果展示与评价

1. 团队成果展示

全班进行时间规划表践行感受分享。

2. 团队评价（见表3）

表 3　　　　　　　　团队评价

评价标准	分值（1~5分）	评语
科学性		
合理性		
可行性		
小组成员认可性		
教师认可性		
家长认可性		

五、项目反思

(一) 项目亮点

1. 拓展延伸学科知识

关于时间主题,涉及学科知识范围广,在以往的教学中,教师往往通过举例来让学生理解,学生被动学习。但是本项目的细化分析,深化了学科知识,在原有的知识层面对学科知识进行拓展延伸,更好服务了教学。

2. 培养综合能力

在项目的合作和分析过程中,除运用学科知识,对于时间的认知、感知和管理,需要学生进行概括、总结、分析和统计等工作。同时,在制作个人专属时间规划表时,学生要深刻学习认知自我,进行正确判断,这锻炼学生综合能力。

(二) 项目改进方向

1. 关注学科知识的系统性

在对课程标准充分研读的基础上,将学科知识与时间主题进行融合。不用分年级来进行评定和讲解,在时间的认知、统计和学习上可以打破年级界限,进行系统学习总结。

2. 项目后续更新迭代

在本项目中，个人时间规划表完成不是结束，而是一个新起点，教师不仅要在后续的两周中调研学生的时间规划落实情况并记录反馈，而且要长期坚持并进行追踪，这样得到的反馈数据更能指导学生在现实中应用相关知识。

基于真实情境的跨学科项目式学习案例

高丽营二小　赵乃姿

一、项目背景分析

通过学习"Can you tell me more about the mid-autumn festival?"相关内容，学生知道了中秋节、重阳节和国庆节的英文表达，以及节日日期、节日特色的相关表达，掌握了介绍节日的多个维度、相关词汇和句型的应用方法，能够通过书写和口头表达的方式简单介绍中国的中秋节、重阳节和国庆节，并对中国传统节日文化产生了更加浓厚的热爱。但英语学习若缺少真实情境，学生则可能产生机械记忆。为此，学校充分开发所在地区的社会资源，初步决定与国际人才社区联合举办向外国人宣传中国传统节日的活动。

在多方努力下，学校打算为学生提供真实的语言情境：不论学生还是教师，都要面对外国人进行现场语言沟通，不再是简单你问我答、模拟对话练习，而是有随机的、即兴的英语对话，这对于学校来说更是一种前所未有的尝试。为了在实践过程中实现英语学习能力应用与提升，学校最终确定以项目式学习方式，围绕核心问题，引导学生在英语综合实践活动中，提升运用语言、利用跨学科知识创造性解决问题的能力，从而促进学生核心素养的全面发展。

二、提出真实的驱动性问题

项目主要负责教师向英语兴趣小组的学生介绍了学校与国际人才社区办将要联合举办向外国人宣传中国传统节日的活动。话题刚被抛出便引起了学生极大的兴趣。对于能和外国人近距离对话交流，学生感到十分兴奋。同时，这引发了一系列的讨论：如何去宣传？宣传哪个中国传统节日？如何用英语流利表达？经过激烈的讨论，根据活动时间安排，确定宣传最应时应景且最具中国特色的传统节日——春节。

与此同时，最核心的驱动性问题产生：作为学校的对外宣传员，如何向外国友人宣传中国传统节日——春节？这场讨论，得到了来自英语、美术、劳技三个学科教师和学校的支持。以固定的每周2课时活动为主，以零散的学科课时支持为辅，学校开展了长达8周的项目式学习活动。

三、项目筹划与启动

在讨论如何宣传中国传统节日春节的过程中，学生起初想了很多点子，例如：画海报、演讲、文字宣传等。经过几番讨论后，学生逐渐思考：自己想宣传的都是目前能做的，但外国友人真的想要了解这些吗？单凭我们掌握的这些简单词汇和句型，能够真正表达春节的文化内涵吗？经过几轮探讨，学生决定做一次调研，了解外国友人对春节的习俗有哪些认识，他们想了解哪些春节习俗，他们喜欢哪些宣传形式等。学生对学校外教等十余名外国人进行了访问调研。

调研结果显示，调研对象几乎都知道春节是中国重要的传统节日之一；有部分人了解中国春节的具体日期，穿红色衣服、发红包的习俗。但他们对于为什么要过春节、穿红色的衣服、发红包、放鞭炮等不太了解，他们中只有两个人听说过年兽。对于感兴趣的春节元素，他们投票最多的是中国结。对于宣传形式，他们更喜欢动态的、有画面的。根据调研结果，学生重新调整了宣传内容，确立了预期成果：排演一部有关"年的由来"的短剧，绘制宣传海报，制作春节文化明信片送给外国友人，还有教外国友人制作中国结。根据预期成果，最终确定了以下四个子问题。

如何通过短剧向外国友人宣传春节文化？

如何设计能够体现春节文化的明信片？

如何设计能够体现春节特色的海报？

如何教外国友人制作中国结？

四、确定项目目标

一个好的项目能够以学生对知识的掌握和技能的发展作为中心，项目式学习目标是基于学科课程标准，结合课程需要而设定的。因此，本次项目式学习，拟达到以下学习目标。

学生阅读介绍春节的英文语篇，理解大意，提取有关春节的信息，如节日时间、庆祝节日方式和典型食品等，掌握介绍春节的基本语言知识。

学生在教师帮助下，基于英文语篇中的信息，与同伴合作，尝试创作春节由来短剧的英文剧本，发展发现问题、解决问题的能力。

学生在彩排、表演春节由来短剧的过程中，感受、体验春节文化内涵，增强跨文化沟通交流的自信心。

学生根据中国结的制作说明，学习并尝试独立或合作制作中国结。基于英文语篇中介绍步骤的关键信息，掌握简单介绍步骤的语言。

学生观察、梳理、归纳明信片、海报的特征，设计并制作具有吸引力的春节明信片和宣传海报，提升审美能力。

五、项目实施过程

（一）组建团队

组建教师团队：英语教师为教师团队主要负责人，负责帮助学生完成语言知识的学习与应用；美术教师负责帮助学生完成明信片和海报的设计与制作；劳技教师负责帮助学生制作中国结，并掌握制作中国结的关键步骤；聘请专业戏剧教师，协助学生完成短剧的排练与展演。

组建项目小组团队：学生根据子任务和个人的兴趣喜好及专长，分成了3个小组，每组8～10人。

（二）设计实施方案

项目具体实施方案见表1。

表1　　　　　　　　　项目具体实施方案

项目名称	我是宣传员
驱动性问题	作为学校的对外宣传员，如何向外国友人宣传中国传统节日——春节？
项目成果	与春节有关的短剧、明信片/海报等文创纪念品、中国结

时间	学习目标	子问题	子任务	子任务成果
10月11日至10月15日完成子任务1、2（1课时） 10月18日至10月29日完成子任务3（3课时） 11月1日至11月12日完成子任务4（3课时） 11月15日至11月26日完成子任务5（3课时）	1. 学生阅读介绍春节的英文语篇，理解大意，提取有关春节的信息，如节日时间、庆祝节日方式和典型食品等，掌握介绍春节的基本语言知识	如何通过短剧向外国友人宣传春节文化	1. 学习与春节有关的英文表达 2. 选定短剧内容 3. 学习创编短剧 4. 在教师帮助下修改并完成英文剧本	英文短剧《年的由来》

续 表

时间	学习目标	子问题	子任务	子任务成果
11月29日至12月17日完成子任务6（6课时）	2. 学生在教师帮助下，基于英文语篇中的信息，与同伴合作，尝试创作春节由来短剧的英文剧本，发展发现问题、解决问题的能力 3. 在彩排、表演春节由来短剧的过程中，感受、体验春节文化内涵，增强跨文化沟通交流的自信心		5. 在英文戏剧课上，学习并表演短剧 6. 短剧彩排与演出	
10月11日至10月15日完成子任务1（1课时） 10月18日至10月22日完成子任务2（1课时） 11月8日至11月12日完成子任务3（1课时）	1. 观察、梳理、归纳明信片的特征，明确具有春节特色的明信片应是什么样的 2. 在模仿、创作过程中，掌握色彩搭配、构图等技巧，独立或小组合作完成明信片的设计与制作	如何设计能够体现春节文化的明信片	1. 观察、梳理春节文化元素 2. 在美术课上学习如何设计明信片 3. 明信片修改与完善	明信片

续 表

时间	学习目标	子问题	子任务	子任务成果
11月15日至11月19日完成子任务1、2（1课时）11月22日至12月3日完成子任务3、4（2课时）	观察、梳理、归纳海报的特征，设计色彩鲜明、具有春节特色的宣传海报	如何设计能够体现春节特色的海报	1. 学习、了解海报的特征 2. 选定海报宣传的主题 3. 设计并完成海报制作 4. 尝试结合海报介绍春节的基本信息	英文海报
11月15日至11月26日完成子任务1、2（1课时）11月29至12月10日完成任务3（1课时）	1. 根据中国结的制作说明，学习并尝试独立或合作制作中国结 2. 阅读制作中国结的英文语篇，提取介绍步骤的关键信息，掌握简单介绍步骤的语言	如何教外国友人制作中国结	1. 在劳技课上了解学习中国结的制作 2. 学习如何用英语表达中国结的制作过程 3. 尝试用英语教他人制作中国结	中国结

（三）成果修订

项目小组初步完成项目成果后，借助学校庆元旦的活动，展演英文短剧，受到了一致好评。虽然有低年级学生表示个别词汇有点难度，听不懂，但是表演的故事情节是家喻户晓的，再加上演员的精彩表演，整部短剧生动又有趣。同时有热心观众对演员们的道具提出了改进建议，后期更是送上更为逼真的道具等，让短剧更加生动。

项目小组也将绘制好的明信片、海报做了展示，在广大师生的共同鉴赏下，学校各社团成员对此项目表示出了极大的兴趣，纷纷表示想要加入项目小组，并给出了诚挚的建议。有美术社团成员给出了更为专业的构图修改意见；甚至有编程社团成员将学生手绘的图画，变成了色彩更加鲜艳、更具科技感的电子图片。

经过校内阶段性成果展示，项目小组成员意识到了自己的不足与改进的方法。在大家的共同努力下，项目小组不断完善丰盈成果，对最终的成果展示更加有信心了。

（四）成果展示

受疫情影响，最终未能达成预期现场交流的活动效果。学生将短剧表演录制成视频，同亲手制作的明信片和海报，打包发给了国际人才社区办作为宣传材料在社区内展示。为了弥补学生无法现场展示的遗憾，学校在校园内为学生创建了展示的机会，结合校园毕业季给学生提供展示的舞台，让校内的师生共同欣赏项目成果，也让更多的师生了解项目式学习以及它对学生的意义，从而争取开展更多项目式学习，让更多的学生参与其中。

六、项目评价与反思

此次项目式学习，让学生经历了基于真实情境的发现问题、尝试解决问题、做出成果、互动交流的全过程；让英语学习，变得更加生动有趣，通过知识与生活的联系，激发了学生的学习内驱力。项目在课后服务时间，以社团活动的形式展开，每个学生从没有缺席一次，不论有什么困难都努力克服，准时来参加活动。在创编剧本过程中，教师表示自己也是初学者，大家需要一起学习。教师与学生站在同一起跑线，学生更放松，学习效果更好。从创编剧本到彩排演练，教师的角色更多是陪伴者：在学生苦恼发愁时，给点建议；在学生嬉笑跑题时，给点提醒；在学生胆怯退缩时，给点鼓励。

初次体验项目式学习，师生收获很多惊喜。本次项目式学习以跨学科式学习展开，如果想让更多师生参与和应用项目式学习，应结合学科课程标准，探究如何在学科内基于教材开展项目式学习。相信在不断实践的过程中，项目式学习在学科教学中的应用会更为广泛，也会有更多的师生接受和喜欢这种学习方式。

小眼睛　大世界

首师大顺义附小　杨爽

在语文学习中，学生要养成留心观察身边事物的习惯，用口头、图文等方式来表达自己的观察所得。观察能力是学生必备的一项基础能力，是学生提高习作表达能力的前提。部分学生的习作情况不是很好，无从下笔，一部分学生在习作过程中总是出现没得写的情况，他们不知从哪写起或不知道写什么。

对照课程标准，确定学生应掌握的核心知识技能及其他综合素养。本项目尝试通过语文大单元、大任务的项目式学习，最终提升学生写作能力。具体从以下三个部分进行介绍：项目概览、项目实施和项目评价。

一、项目概览

项目聚焦四年级语文上册的第三单元，由"细致观察，每天都会有新的发现吗？"这一驱动性问题，结合大任务，让学生学会细致连续的观察方法，养成良好的观察习惯；进行连续观察，并撰写图文观察日记。最终的核心成果为每位学生有一本属于自己的图文并茂的观察日记。班级共同完成《小眼睛　大世界》。

该单元是一个连续观察的单元，三篇课文的角度不一样，《古诗三首》是多角度观察、《爬山虎的脚》是对植物的观察、《蟋蟀的住宅》是对动物的观察，所以学生可以学到不同的观察方法和记录表达的方法。一个单元的学习下来，每个学生如果养成了善于观察的好习惯，手里都会有一本属于自己的观察日记。

其间，学生通过摄影、绘画记录观察，并撰写三篇观察日记。通过小组交流、修改，最终每位学生都撰写了一篇比较成熟的文章。最后学生在已经学完相关内容的情况下，对习作进行研讨，不断交流、完善，为最终的核心成果《小眼睛　大世界》习作集锦做准备。

二、项目实施

项目的实施主要围绕着不同子问题展开。子问题一：怎样边观察边做记录？子问题二："大师"眼里的世界为何如此细致而生动？子问题三：我眼睛里的世界是什么样的？子问题四：怎样把我眼睛里的世界分享给大家？

围绕着子问题一，完成以下任务：借助《爬山虎的脚》的资料袋，将观察任务前置。学生自己种植，并持续观察记录自己种的植物（通过摄影、画画、文字记录等形式边观察、边记录）。

围绕着子问题二，完成以下任务。

1. 学习《古诗三首》

以课后练习为依托，重视朗读与背诵，注重语言的积累。

在交流对诗句内容的理解中体会作者的观察方法。从不同角度，学会观察。

2. 学习《爬山虎的脚》，体会作者细致的观察方法

围绕题目《爬山虎的脚》找到对应的重点部分，聚焦学习作者细致观察，体会作者生动的表达。例如：爬山虎的脚什么样，长在哪里，爬山虎是怎样"一脚一脚"往上爬的，课文写爬山虎的脚为什么还要写爬山虎的叶子。

关于重点观察了什么事物、做了哪些记录，学生之间进行交流（为持续观察做准备）。用一组镜头记录种植的过程、发生的变化。

3. 学习《蟋蟀的住宅》，体会作者细致的观察与生动的表达

设计一份蟋蟀住宅说明书，讲讲它的住宅什么样。

看看摄影师法布尔的观察力。法布尔是怎么观察的（时间、时长、姿势……）。

由"从虫看虫"到"从虫看人"：了解科学家怎么生活。

与麦加文的《昆虫》比较，体会语言表达的特点。

4. 互相交流，总结观察方法

由感性到理性，认识到要细致观察、要连续观察、要多感官参与观察。

5. 再次交流之前布置的观察任务

学生讨论之前观察做了哪些记录，通过学习课文又学到了什么观察方法，为展示交流做准备。

该阶段取得的成果：通过学习《古诗三首》，学生能从不同角度，学会观察；学生重点学习作者是怎样细致观察的，仿照作者的记录方法，根据自己的观察记录单，撰写第一篇观察日记，并在小组间交流分享，互提建议与修改；学生学习作者在观察的基础上，是怎样生动表达的，学生通过设计蟋蟀住宅说明书，了解法布尔的观察力，从而体会科学家细致观察、勇于探索的精神；提炼方法，在细致观察、详细记录的基础上，通过生动的表达，完成第二篇观察日记。

围绕着子问题三，完成了以下任务。

举办展览（摄影展、绘画展），分享记录感悟，学生交流互评。学生欣赏同学的观察记录的同时，互相提出修改意见，从而将观察日记修改为一篇完整的习作。部分展览内容见图1。

围绕着子问题四，完成了以下任务。

开展研讨会。此次《小眼睛　大世界》征稿收集到了31位学生的稿件。面向学生招募《小眼睛　大世界》的编委，2位主

图 1　部分展览内容

编负责收集稿件并分配给 5 位责编，责编负责校对格式。还有 2 位美术编辑，对《小眼睛　大世界》进行了封面封底的设计。《小眼睛　大世界》研讨会在线上进行，由于时间有限，各组代表在研讨会上进行了发言。

　　学生在汇报和研讨中掌握了相关单元的习作要素以及从同伴之中学习到的写作方法。文稿汇报结束后，美术编辑也对整本《小眼睛　大世界》的封面和封底设计进行了分享，交流了设计理念。教师对学生的表现进行了肯定，并提出对习作集锦的期待。

三、项目评价

　　这个项目对于四年级学生的意义很大，它真的可以切实解决学生平时没有细致观察的习惯导致的写作中出现的很多问题。在这个项目中，学生在观察记录的同时在每一课的学习中学到观察的方法、记录的方法、表达的方法。学生从三篇课文的不同角度掌握不同的技能。一个单元的学习下来，每个学生都养成了善于观察的好习惯，每个人手里都会有一本属于自己的观察日记。它能够激发学生自主学习动力，提升主动性。在最后的研讨会中，教师通过组织学生点评其他同学的习作对学生的高阶思维进行了培养。

我"绘"讲数学

——1 亿有多大

北京市顺义区仓上小学　刘伟

一、项目核心设计要素

（一）本质问题

通过"大数的认识"，学生认识了 1 亿，但 1 亿到底有多大呢？除了知道抽象的数，学生对"亿"这个新的计数单位不能联系生活建立起概念，无法达到真正的认识。

（二）驱动性问题

小学生都比较喜欢通俗易懂、生动有趣的绘本，因此，驱动性问题为：1 亿有多大？你能将探究过程创编成绘本故事，为老师提供教学素材，让明年的弟弟妹妹们使用吗？

（三）核心内容

1. 相关学科所涉及的主要目标

（1）数学

发展学生的数感、量感、运算能力、推理意识、数据意识等数学核心素养。

用绘本故事形式呈现探究过程与结果，发展学生表达交流能力。

（2）语文

学生养成主动识字的习惯，积累常用汉字。

学生对绘本故事中不理解的内容提出疑问，乐于与他人讨论交流，主动和同学分享自己的阅读感受，积累阅读量。

学生乐于用口头、书面的方式与人交流沟通，愿意与他人分享，增强表达的自信心。

学生学会认真倾听，能就不理解的地方向人请教，就不同的意见与人商讨。

学生能清楚明白地讲述故事，说出自己的感受，力求具体生动。

（3）美术

学生创作平面美术作品，表达自己的感想。

将美术与数学融合，提高综合探索与学习迁移的能力。

2. 跨学科关键概念

故事创作

3. 项目实施流程（见图1）

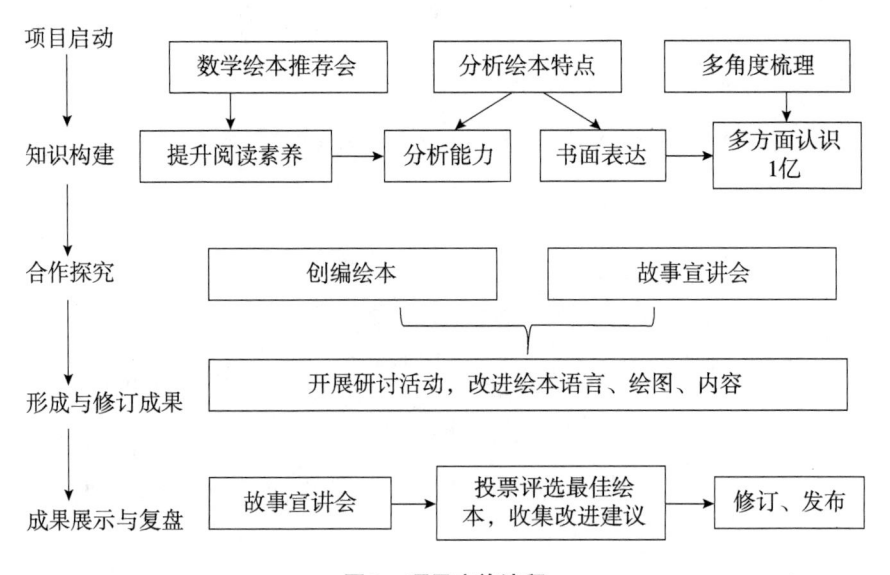

图1 项目实施流程

二、项目实施

（一）入项

1. 发布驱动性问题

教师发布驱动性问题。

2. 破解任务

使用任务分解法，按照"确定目标→梳理任务群→分解任务→执行任务→问题解决"的流程逐层逐步破解任务。

3. 一节数学课引发学生初步思考

在四年级上册实践活动1亿张纸摞起来有多高中，先让学生猜这一沓A4纸有多少张（见图2）。

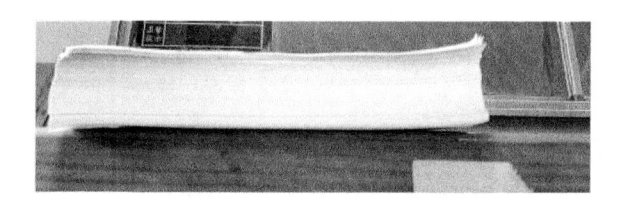

图2　一沓A4纸

学生最少猜50张，最多猜5万张，有学生猜100张、500张、1000张、1万张，跨度比较大，由此可见，学生对纸的厚度和张数经验不足，对大数的数感不准确。教师出示书中主题图（见图3）。

图3　书中主题图

教师问："你们认为1亿张纸大约有多高？或者你觉得谁的答案比较准？"有的学生说有半人高；有的学生说支持芳芳说的，大约有6层楼高。通过该节课的学习，学生在小组合作实践中进行不断完善调整：找到标准量，以50张、100张或200张纸的厚度为基点，一步步推算出1亿张纸的高度。

虽然学生推算出了1亿张纸的高度，但对于身边是否有1亿并不确定，也无法针对1亿与生活实际找到准确联系。通过本节课的学习，学生对1亿产生了浓厚的兴趣，很想继续推算1亿滴水可以用什么容器装、1亿粒大米有多重等问题。

4. 学生分组

将全班学生进行随机分组，每组6人或7人。每组学生自主确定研究主题。最终主题：1亿滴水有多少毫升？1亿粒大米有多重？1亿克面包有多少片？1亿个口罩摞起来有多厚？

（二）知识与能力建构

1. 确定主题

在掌握了"1亿张纸摞起来有多高"的推导过程后，学生按照各组的任务目标，进行第一步任务分解，各组根据研究主题需要，查找资料、准备学具，完成期限设定为7天。

2. 查找资源

主题为"1亿滴水有多少毫升？"的小组，准备了小烧杯、滴管；主题为"1亿粒大米有多重？"的小组，准备了精准的电子秤、一小袋大米；主题为"1亿克面包有多少片？"的小组，准备了一袋面包片、电子秤；主题为"1亿个口罩摞起来有多厚？"的小组，准备了直尺、一包10只装的口罩。同时，学生在实践前通过互联网搜索了相关资料，为实践数据的准确性提供参考。

每个小组成员都通过踊跃自主申请，为小组活动合理分工、开展提供了最大的支持，展现优秀的团队合作精神。

3. 核心问题推算

在资源准备齐全后，各小组进行"测量—推算—梳理—总结"，并将推算过程进行汇报。

其他小组进行评价，提出问题和建议。各小组根据问题和建议进行修改完善，将核心问题推算过程梳理清楚。

4. 创编绘本故事

各小组根据主题内容，讨论绘本故事内容，将推算过程融入故事，创编出各具特色的绘本故事，将针对所选主题的探索过程用生动、有趣、通俗易懂的语言讲清楚。故事除包含数学知识，还需要体现德育。最终从知识层面、故事情境/人物、德育、语言四个维度进行评价。

初次创编的故事，大多少德育内容，在集体讨论提出建议后，学生再次修改，将节约用水、节约粮食、互帮互助等内容融入故事。

（三）形成与修订成果

各小组根据故事情节，进行了相应绘图。开展班级故事宣讲会，每组成员通过图文并茂的方式，全面展示了初步成果。其他小组提出建议，教师进行相应点评指导。

1. "1亿滴水有多少毫升？"

通过用滴管和5毫升的小量杯进行实验，学生将1亿滴水进行分装推算。通过手绘图画与信息技术结合，学生向同学讲述了1亿滴水有多少毫升，感受到1亿滴水之多。学生提出"水娃娃"到地球各地去帮助有需要的人们，宣传节约用水的意识。

2. "1亿粒大米有多重？"

通过用电子秤和大米进行实验，学生顺利推算出1亿粒大米的重量。在故事中创设了有关暑假实践作业的情境，反映出学生对实践作业的浓厚兴趣，故事情节真实。后面以如果每人吃饭掉1粒米进行推算，指出如果1亿人每人掉1粒米将会造成巨大的浪费，让全班学生深深感受到节约粮食的重要性。

3. "1亿克面包有多少片？"

这一小组先测量出1000克面包大约多少片，再推算出1亿克面包大约多少片。创设了顾客到面包店购买面包片的情境。这一小组在设计初期，想要以1片面包为标准，实践中发现所得数据不好进行推算，后想以一包面包片作为标准，也发现同样的问题，最后通过全班交流，以 1000 克的面包片作为标准进行推算。

4. "1 亿个口罩摞起来有多厚？"

这一小组将"一方有难八方支援"的团结精神融入其中，以学生佩戴的医用外科口罩作为参照物，用直尺测量 10 个口罩摞在一起的厚度，推算出 1 亿个口罩的厚度。

每一组汇报交流结束后，学生都需要借助下面的评价表（见表1）来评价同学的成果展示。

表1　　　　　　　　　评价表

评价维度		未达到标准（1~3分）	达到标准（4~7分）	超越标准（8~10分）
创编绘本（小组）	知识层面	不能完整呈现知识形成的过程，不能抓住数学本质创编故事	能完整呈现知识形成的过程，能抓住数学本质创编故事	能完整呈现知识形成的过程，体现知识进阶，能抓住数学本质创编故事
	故事情境/人物	情境选取不恰当、不合理	情境选取恰当、合理	情境选取非常恰当、合理
	德育	不能体现道德教育	能够体现道德教育	能够体现多重道德教育
	语言	语言平淡	语言优美、通顺、符合学生年龄特点	语言优美、通顺、符合学生年龄特点，吸引读者

（四）出项

班级故事宣讲会后，各小组充分考虑同学提出的建议和教师给出的评价与指导，通过集体协商，再次修订故事图文，最终达成出项成果。

三、项目评价（见表2）

表2　　　　　　　　　　项目评价

评价维度	未达到标准	达到标准	超越标准
绘本推荐（个人）	阅读过的数学绘本少于5本	阅读过的数学绘本数量在5本以上10本（含）以下	阅读过的数学绘本数量在10本以上
特点梳理（小组）	未关注到数学绘本知识的呈现形式	关注到数学绘本知识呈现形式，抓住知识本质梳理数学绘本特点	关注到数学绘本知识呈现形式，厘清知识进阶点，抓住知识本质梳理数学绘本特点
	未关注到故事情境与知识之间的联系	关注到故事情境与知识之间的联系	关注到故事情境与知识之间的联系，能说明情境合理的原因
	未关注到绘本故事绘图的特点	关注到绘本故事绘图的特点，能说明受欢迎绘本的绘图特点	关注到绘本故事绘图的特点，能具体说明受欢迎绘本的绘图特点

续 表

评价维度	未达到标准	达到标准	超越标准
特点梳理（小组）	未关注到绘本故事语言的特点	关注到绘本故事语言的特点，能说明受欢迎绘本的语言特点	关注到绘本故事语言的特点，能具体说明受欢迎绘本的语言特点
创编绘本（小组）	不能完整呈现知识形成的过程，不能抓住数学本质创编故事	能完整呈现知识形成的过程，能抓住数学本质创编故事	能完整呈现知识形成的过程，体现知识进阶，能抓住数学本质创编故事
	情境选取不恰当、不合理	情境选取恰当、合理	情境选取非常恰当、合理
	图画粗糙	图画生动、形象、美观	图画生动、形象、美观整洁，色彩搭配合理
	不能体现道德教育	能够体现道德教育	能够体现多重道德教育
	语言平淡	语言优美、通顺、符合学生年龄特点	语言优美、通顺、符合学生年龄特点，吸引读者
故事宣讲（小组）	语气平淡	语气抑扬顿挫，有图文PPT	语气抑扬顿挫，宣讲精彩生动，有图文PPT
小组协作（小组）	没有为所有成员创造分享想法的机会	倾听并尊重每个人的观点	整个过程中保持富有成效的合作关系
	没有公平分配工作	相对公平分配工作	在合适的情况下，考虑到每个人的需求
	没能充分利用组员的优势委派任务	根据成员各自强项委派任务	团队协作所创造的成果远远超过任何个人所创造的成果之和

四、项目反思

（一）项目亮点

1. 把数学学科知识转化为生活中的实践内容

通过这一项目，学生对于"1亿"这个大数有了更全面理解，并能运用数学知识进行推算，学生的数感提升；学生能够运用数学知识来解决实际的问题，在项目探究中落实德育。

2. 凸显多学科融合，促进学生综合素养提升

项目将数学知识用绘本故事的形式呈现出来，离不开语文学科和美术学科知识的运用。之前语文课本中出现过"创编童话"的内容，为本项目的开展提供了有力的支持。项目后期正值线上学习时期，为了便于云端呈现，各小组创编的绘本都运用了电子信息技术。因此，本项目的开展有利于学生语文、美术、信息素养的提升，有利于开阔学生的眼界，为提升学生多学科融合的学习能力打下基础。

（二）项目存在问题与改进方向

1. 提升项目落地效率

本次项目实施因后期转为线上教学，小组合作存在空间和设备的局限性，导致项目推进困难。在项目初期，学生兴致高，小组合作积极主动，推进速度快，效果好。项目应在学生兴致正浓时紧锣密鼓开展，尽快推进，以提升项目落地的效率。

2. 增进驱动性问题与学生生活的紧密联系，让学生学以致用

本项目驱动性问题虽然从生活实际出发，引导学生探索生活与数学之间的紧密联系，培养学生用数学的眼光观察现实世界，但在生活中应用不太广泛。可以充分调研学生，引导学生观察社会现象，提出生活中的真实问题，将数学的知识和其他学科知识融合，进行实践，从而解决生活中的真实问题。

3. 让多学科进行充分融合

学生在创编绘本的过程中，能用数学语言将推算过程表述清楚，但在情境创设和语言描述上缺乏趣味性。在图画创作中，有些小组是学生绘画后再进行电子抠图，有些小组是电子绘图或使用搜索的图片。在绘本语言和图画方面，都需要学科专业教师的指导，这样才能促进多学科充分融合，提高成果水平。

压岁钱去哪儿

顺一附小　刘斌

本项目针对小学六年级的学生，围绕着"压岁钱去哪儿"这个核心问题展开了一系列的探究活动。具体从以下三个部分进行介绍：项目概览、项目实施和项目评价。

一、项目概览

教师在与学生聊天、家长沟通中发现现在的小学生有充裕的零花钱和数目不小的压岁钱。而学生对于这些钱怎么花没什么概念，有的以满足自己喜好为主，还有的听从父母安排。学生对金钱的认识和支配能力有待提升。教师要精选对学生综合整体发展有价值的课程内容。关于金钱主题的项目非常契合这个要求。综上，聚焦学生的最大收入来源——压岁钱开展项目式学习。

本项目的驱动性问题：每年过年的时候大家都会收到压岁钱，你知道你的压岁钱去哪儿了吗？如何让同学们知晓压岁钱发挥最大效用的途径呢？

学科大概念是金钱的支出与存储，支出涉及价值判断，存储考虑利益最大化。

由于本项目涉及数学、道德与法治、语文多个学科，教学目标对应着多学科的发展目标。在数学学科上，主要是通过计算多种存储方式的收益情况，培养学生用数学的思维解决现实问题的能力。在道德与法治学科上，主要是通过让学生分析压岁钱的多种支出方式，引导学生形成正确的金钱观。在语文学科上，主要是通过辩论赛、计划表等方式来表达自己的观点，培养理性思维和精神。除此之外，学生以小组合作的方式探究问题，促进小组合作能力的发展以及财商的培养。

二、项目实施

项目的实施主要围绕着三个子问题展开。子问题一：去年春节，你的压岁钱去哪儿了？子问题二：压岁钱可以去哪儿？子问题三：今年春节，你的压岁钱会去哪儿？

围绕着子问题一，完成了以下任务：通过头脑风暴，全班共同确定调查问卷；每人填写调查问卷，以小组为单位进行简单统计分析；整合所有数据，形成全班的压岁钱调查报告。

图1是学生们共同确定的调查问卷内容，共有五道题目，主要涉及去年的压岁钱去哪儿的问题。

学生利用收集的数据、运用数学图表等方式，进行整理和分析。全班的压岁钱平均收入为11588.57元，约30%可以由学生

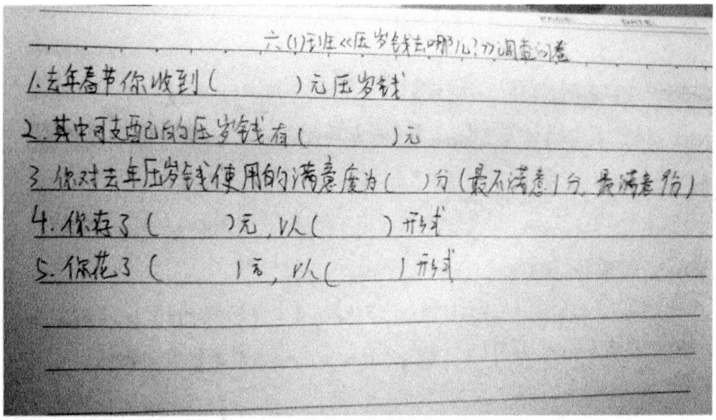

六(1)班《压岁钱去哪儿?》调查问卷

1.去年春节你收到（　　）元压岁钱

2.其中可支配的压岁钱有（　　）元

3.你对去年压岁钱使用的满意度为（　）分（最不满意1分，最满意5分）

4.你存了（　　）元，以（　　）形式

5.你花了（　　）元，以（　　）形式

图1　调查问卷

自由支配，压岁钱的用途有办理保险、日常消费、捐款、存银行、买基金等。整体上通过第一部分学习，了解了学生去年压岁钱的基本情况。

围绕着子问题二，完成了以下任务：结合压岁钱调查报告，发现压岁钱的用途大概可以分为支出和存储两部分，学生针对压岁钱的各种用途在全班进行详细介绍；对于存储部分，以小组角色扮演的形式，对比多种存储方式，计算如何利益最大化；对于支出部分，以辩论赛的形式讨论怎样支出更有意义。

学生对于压岁钱的多种存储方式开展了深入学习，全班形成了五个专业的投资团队。分别是爱呀河银行、建信基金、诚信国债、周小福金条有限公司和北京银行。这些团队以短剧的形式向同学介绍将压岁钱存银行、买基金、买国债、买金条等多种存储方式的利弊，在这些“项目经理”和“客户”的生动演绎中，学生认识并了解了多种存储方式。

为了呈现比较专业的效果，学生进行了认真准备。有的学生组队去银行感受实际情况，有的学生咨询了从事基金相关行业的家人，有的学生查阅了很多资料。知识的获得和能力的培养在学生的一次次讨论和练习中悄然发生。

辩论赛的主题是"压岁钱是应该给自己花？还是给别人花？"。有的学生支持压岁钱应该给自己花，满足自己的一些小愿望、给自己交学费等；有的学生支持压岁钱给家人、朋友购买礼物等。

围绕着子问题三，学生综合考虑之前研究的压岁钱可支配方式和个人家庭实际情况，初步制订压岁钱分配计划。结合项目中所学习的知识，学生进行了认真计划，部分成果见图2。

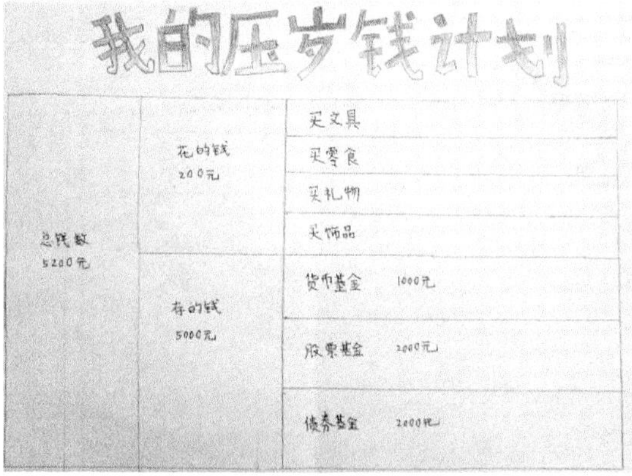

图2 学生压岁钱分配计划

三、项目评价

本项目的评价按照主体可以分为个人成果评价和小组成果评

价，既包括过程性评价还包括结果评价。个人成果评价中过程性评价涉及小组活动中的任务完成情况、交流与合作情况，结果评价中过程性评价涉及压岁钱分配计划。小组成果评价中过程性评价涉及辩论赛中的观点表述、角色扮演短剧的表演效果；结果评价涉及小组压岁钱调查报告等。

作为瓷砖设计公司，如何用密铺的知识设计大家喜欢的瓷砖？

——PBL 项目式学习案例

北京市顺义区河南村中心小学校　马丽娟

一、项目背景

新课标强化学科实践与跨学科主题活动、项目化学习活动，目标直指学生核心素养的发展。素养视角下的项目化学习是学生在一段时间内通过对真实的、有挑战性的问题进行持续探究，达到核心知识再建构和思维迁移。

密铺是北京版小学教材五年级上册中的内容。密铺也称镶嵌，在生活中非常普遍，它带来了丰富的变化和美的享受。把数学与生活相联系是本次项目设计的初衷。项目让学生在教师的带领下通过调查与研究、学习与实践，结合数学、美术、信息技术等方面知识对生活中常见的瓷砖进行发现与探索，合作设计瓷砖，把知识与生活有机结合起来。

二、项目核心设计要素

1. 本质问题

学习密铺有什么用？

2. 驱动性问题

作为瓷砖设计公司，如何用密铺的知识设计大家喜欢的瓷砖？

3. 核心知识

（1）相关学科所涉及的主要知识目标

数学：学生进一步认识平面图的特征，知道密铺的道理，发展空间观念和数学应用意识。

美术：学生通过欣赏和设计密铺图案，进一步感受图形密铺的奇妙，获得美的体验，激发创新意识和艺术创作。

信息技术：学生能够在 Word 或 PPT 中插入形状工具、进行复制操作，提前打印课堂所需要的平面图形。学生在图形软件中，选择平面图形的形状，设置图形颜色边框等，进行旋转、移动等操作，进行密铺，设计地砖图案。

（2）跨学科关键概念

培养学生的问题意识、应用意识、创新意识，积累学生的活动经验，提高解决现实问题的能力。

4. 项目活动目标与能力

《义务教育数学课程标准（2022年版）》"总目标"指出：（学生能）运用数学和其他学科的知识与方法分析问题和解决问题。《义务教育艺术课程标准（2022年版）》"总目标"指出：感知、发现、体验和欣赏艺术美、自然美、生活美、社会美，提升审美感知能力。基于以上理论，本项目的目标如下。

①学生理解图形的密铺的实际含义，初步感知到长方形、正方形、三角形、正六边形可以用来密铺。

②学生在探究多边形密铺条件的过程中提升观察、猜测、验证、推理和交流的能力，能运用几种图形进行简单密铺设计。积累相关活动经验，培养初步空间观念，提高解决问题的能力。

③学生结合密铺活动感受数学在生活中的广泛应用，发展对数学学习的兴趣，增强创新意识、合作意识、应用意识、积累活动经验，培养严谨的科学态度，结合自我评价发展反思能力。

5. 项目实施流程（见图1）

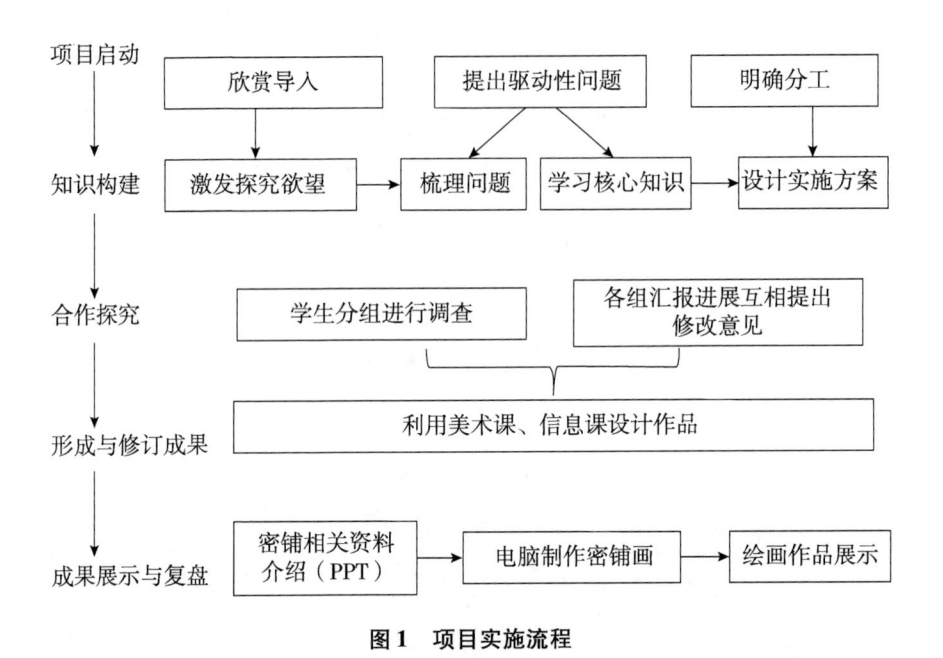

项目启动 → 欣赏导入　　提出驱动性问题　　明确分工

知识构建 → 激发探究欲望 → 梳理问题　学习核心知识 → 设计实施方案

合作探究 → 学生分组进行调查　　各组汇报进展互相提出修改意见

形成与修订成果 → 利用美术课、信息课设计作品

成果展示与复盘 → 密铺相关资料介绍（PPT）→ 电脑制作密铺画 → 绘画作品展示

图1　项目实施流程

三、项目实施

（一）组建团队

1. 组建教师团队

数学教师主要负责指导学生明确知识点；美术教师负责帮助学生设计图案；信息教师负责帮助学生上网查阅资料。

2. 组建学生小组

教师在班上发动学生参与本次活动，学生自愿组成小组，每个小组可以是五或六人。

（二）项目启动

教师提问："对于密铺你了解什么？"带着疑问和好奇，学生观看了生活中常见的密铺 PPT。直观的视觉感受，让学生初步体会密铺的特点和它的美。

研究密铺前，有些学生不理解什么是密铺。课下学生小组合作调查学习分享，一起了解了各类瓷砖密铺的图片，理解图形之间没有空隙、也不重叠，是密铺。同时学生体会到密铺现象就在身边，是数学知识在生活中的应用。

经过一系列调查与了解，学生对此次的项目学习有了很多的想法，通过交流讨论，最终确定了研究的问题：作为瓷砖公司的设计师，怎样设计一款让顾客喜欢的瓷砖图案？

（三）知识与能力准备

1. 资料查找

学生分小组对于密铺的相关资料进行查找。

学生分组解决的主要问题如下。

共性问题（各小组都要对此问题进行探究）：什么是密铺？

什么样的图形可以密铺？

    一组：生活中有哪些密铺的现象、景观等？

    二组：密铺是谁发现的？

    三组：自然界中有密铺吗？

    四组：密铺给我们的生活带来了什么？

2. 针对探究的问题进行集体交流展示

各小组根据自己组的调查、资料的收集进行汇报，丰富其他同学的知识库，学生汇报PPT见图2。

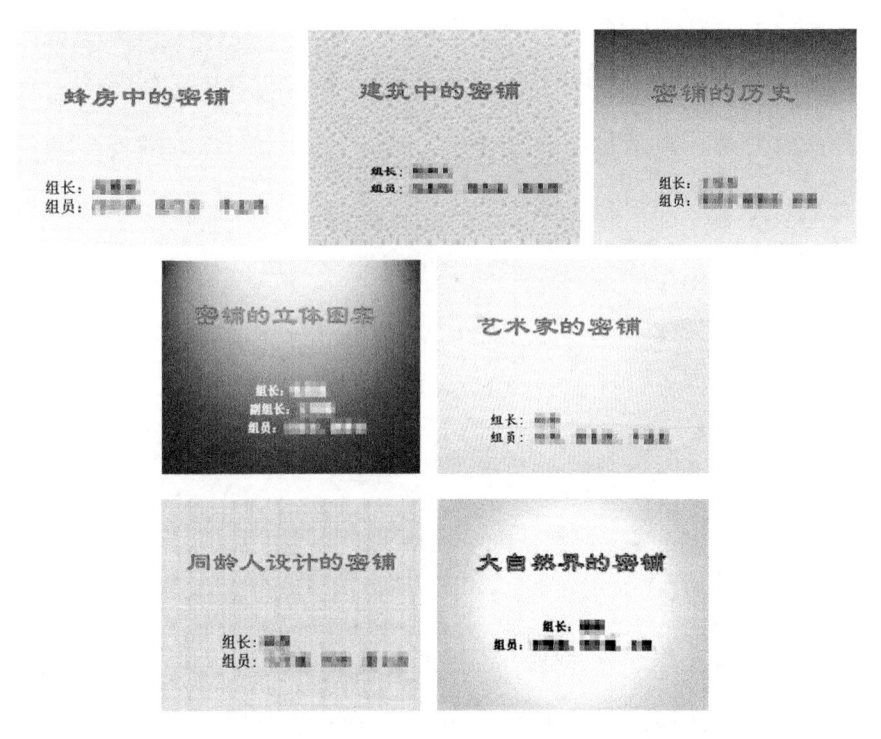

图2 学生汇报 PPT

3. 探索什么图形能密铺

①学生针对收集到的身边的密铺图案，小组探究，观察发现规律，并用自己的语言描述密铺的规律。

②针对密铺的理论知识，数学教师组织学生进行集体学习。（利用课件演示，加深学生对知识点理解，教学内容见图3）

正方形可以密铺
90度×4=360度

正三角形可以密铺
60度×6=360度

正六边形可以密铺
120度×3=360度

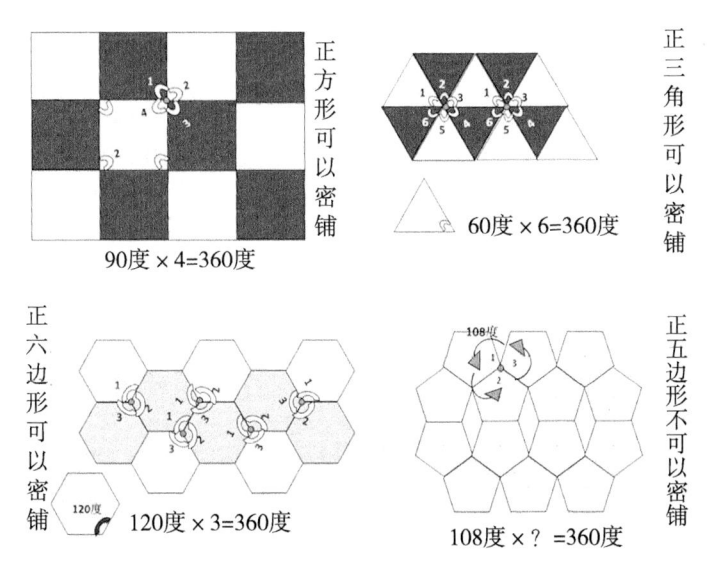

正五边形不可以密铺
108度×？=360度

图3　教学内容

正方形的每个角都是直角，那么4个正方形拼在一起，在公共顶点处的4个角，正好拼成一个360度的周角。正六边形的每个角都是120度，3个正六边形拼在一起时，在公共顶点上的3个角的度数之和正好也是360度。除了正方形、长方形以外，正三角形能把地面密铺。因为正三角形的每个内角都是60度，6个正三角形拼在一起时，在公共顶点处的6个角的度数之和正好是

360 度。正三角形、正方形、正六边形的内角的整数倍为 360 度，常见正多边形中仅此三者可以密铺。

4. 学生自主设计瓷砖图案及产品推销方案

学生课下以小组为单位进行瓷砖设计，并撰写产品推销方案。

（四）形成与修订成果

项目进行过程中有一次中期汇报。在中期汇报的过程中，每组成员汇报自己的阶段性成果。其他小组提出建议，教师也会进行相应点评，对学生的方案进行指导。

（五）成果展示

学生作品如图 4 所示。

图 4　学生作品

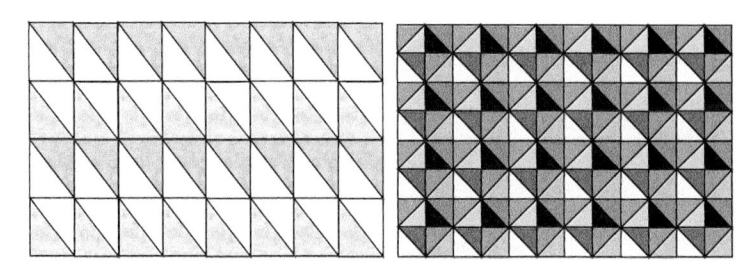

图 4　学生作品（续）

四、项目评价

项目评价如表 1 所示。

表 1　　　　　　　　项目评价

评价方式	过程性评估	口头展示练习	采访相关教师，寻求帮助
		日志/学习日记	笔记、草稿、任务清单
	总结性评估	有量表的书面成果	密铺之美主题小画展、手抄报
		有量表的口头展示	同伴互评
评价量规	评估等级 评价维度	超越标准	达到标准	未达到标准
	知识掌握熟练应用	有主动获取知识的意识，能独自或者和同学合作探究知识	能独自或者和同学合作探究知识	独自不能获得知识，需要同伴的帮助
	信息获取筛选能力	能熟练使用网络搜索资料，并对资料进行有针对性筛选	能简单使用网络搜索资料，并进行适当资料筛选	基本不会使用网络进行资料收集
	语言表达沟通能力	能清楚表达自己的想法；遇到困难能够主动求助	能清楚表达自己的想法	能简单表达自己的想法

续 表

评价维度 \ 评估等级	超越标准	达到标准	未达到标准
评价量规 — 图案设计能力	能熟练使用电脑制作密铺画或者能根据自己的爱好利用密铺知识设计出漂亮的作品	能选择电脑和手绘中的一种进行密铺画设计，完成作品	只能简单平移或旋转制作密铺画
评价量规 — 组织协调能力	在合适的情况下，能考虑到每个人的需求，能根据成员各自强项委派任务	相对公平分配工作或服从工作安排	不愿意听从别人分配，只考虑自己的意愿
评价量规 — 参与活动能力	整个过程中都能富有成效参与活动	能积极参与活动	在同学和教师的督促下参与活动

"Me and my animal friends" 项目案例

北京市顺义区裕达隆小学　郝磊

一、项目描述

可以说，热爱小动物是孩子们的天性。现代城市生活中，在哪里能看到动物？动物们原本的"家"是动物园吗？爱动物的表现是什么？关于动物，二年级的学生有说不完的话题，在教材编排上，二年级上册语文、英语、美术、科学等学科教材，均有涉及动物的学习内容。

本项目以英语学科为主，利用美术"动物头饰"内容，以"Me and my animal friends（我和我的动物朋友）"为主题，综合北京版小学英语二年级上册教材文本，从"动物概述""制作动物名片""我和动物朋友"三个层层递进的子主题展开对于人与动物和谐相处意义的探究。各课时之间紧密联系，突出低年级学生以形象思维为主、乐于动手、喜欢动物的特点，以学生感兴趣的、难度不同的学习活动构建单元主题教学内容。通过项目式学习，让学生运用所学语言表达个人喜好、进行英语与美术结合的创意表演。

二、知识奠基

本项目涉及的核心知识如表1所示。

表1　　　　　　　　核心知识

语篇	核心词汇	核心句型及任务	技能策略学习要点
Animals (toys) in the zoo. (L13+L15)	动物类单词：elephant (s), kangaroo (s), giraffe (s), monkey (s), bear (s), tiger (s), panda (s)	询问动物园里是否有某种动物：Are there... in the zoo? Yes, there are.../No, there aren't. There are...	图文结合，识记动物类词汇；在语境中了解并运用 there be 句型
Animals in the pet shop. (L14)	动物类单词：cat (s), dog (s), bird (s), rabbit (s), fox (es), lion (s), zebra (s) 形容词：thin, fat	询问是否喜欢某种动物：Do you like...? Yes, I do. I like..., too./No, I don't. I like....	询问和应答是否喜欢某种动物以及喜欢的其他动物
Make animal cards. (L17+L18)	形容词：big, small, long, short, red, white, black 身体部位类单词：neck, tail, ears, eyes, hair, nose, mouth, arms, hands, legs, feet	猜测这是哪种动物：What's this? It's a/an... 根据描述猜测动物：It has... What animal is it? Is it...? Yes, it is./No, it isn't.	根据图片信息猜测所画动物名称；根据动物特征推测动物名称；给出肯定或否定答案

续 表

语篇	核心词汇	核心句型及任务	技能策略学习要点
Make friends with animals.（L19）	形容词：strong	询问对方身体特点：I have... Do you have...? Yes, I do. /No, I don't. I have...	描述自己喜欢的动物的外形特点；询问他人喜欢的动物的外形特点
Me and my animal friends.	动物类、身体部位类名词，颜色类形容词等（复习前文所学）	任务1：介绍自己喜欢的动物 任务2：创编表演课本剧 Animals show	借助语法框架和动物头饰、动物名片，综合运用核心词汇和核心句型交流自己喜欢的动物及动物特点

三、驱动性问题

人类和动物共同生活在大自然中，许多不同国家的人可以使用英语这一国际通用语言来交流，可是我们听不懂动物朋友们的话。在接下来的英语和美术学习中，让我们来为可爱的动物们"代言"吧，让更多的人知道不同动物的特点和技能。大家可以进行"代言"，比一比，谁是最佳"代言人"。

四、项目实施

（一）学习目标

梳理总结动物类、颜色类、身体部位类词汇等，并能在对话中得体表达；用英语介绍自己喜欢的动物，与同伴交流喜欢的动物的外形特点。

观察动物外形特点，并用合适的线条、颜色等充分表现；综合运用绘画、剪贴等方式完成自己的动物头饰。

在完成任务中实现良好人际交往，树立人与动物友好相处的意识。

（二）学习工具

教材文本、相关图片及 PPT 课件。

网络资源支持："北京动物园"相关网络资源。

美术学科相关资料：动物头饰制作材料、动物名片卡纸。

（三）学习过程

1. 学生问卷调研

课前以问卷星发放调研问卷 78 份，回收有效问卷 72 份。通过分析数据，得出学生喜爱的动物前三位分别是小猫、熊猫和猴子。其他信息如表 2 至表 4 所示。

表2　　　　　　　　　平时你都在哪里能见到动物

选项	选择该项人数（人）	比例（%）
动物园	68	94.44
农场	27	37.50
家里	23	31.94
其他	9	12.50

表3　　　　　　　　　你喜欢的动物类型

选项	选择该项人数（人）	比例（%）
小型动物	56	77.78
大型动物	16	22.22

表4　　　　学完本主题后，你想用什么方式汇报自己的学习成果

选项	选择该项人数（人）	比例（%）
用英语录制一段介绍动物的视频	25	34.72
完成一套图文并茂的动物名片	46	63.89
用英语编演一部短剧	14	19.44
其他	3	4.17

2. 课时分配及学习活动设计（见表5）

表5　　　　　　　　课时分配及学习活动设计

课时	学习活动
2课时	让学生探讨动物园、玩具店等场景中的动物及数量，并说出自己喜欢的动物类型及动物名称
2课时	让学生就动物的外形特点进行简单交流，与他人交流自己喜欢或养的动物名称及特点

续表

课时	学习活动
3课时，其中美术课1课时	让学生有创意地设计一个动物头饰，从动物的颜色、身体部位特点等角度进行"I Draw, You Guess"的游戏
4课时	让学生尝试运用所学知识独立介绍自己喜欢的一种或几种动物；小组合作创编《动物本领大比拼》课本剧

（四）学习成果

美术：动物头饰及名片。

英语：英语脱口秀视频。

（五）学习评价

学生用项目成果展示评价见图1，教师用评价量表见表6。

Me and my animal friends

我们学习了动物园里的动物、宠物店里的动物、玩具店里的动物玩具……老师知道你们都是喜欢动物、富有爱心的好孩子。现在请运用学过的语言知识，或借助老师提供的模板介绍自己喜欢的动物吧。

摘星标准

自信大方、声音洪亮、语言连贯、语音清晰规范地介绍自己；介绍自己喜欢的动物的2个或更多特征；能介绍3种或更多动物	★★★
声音较洪亮、语言较连贯、语音较清晰规范地介绍自己；介绍自己喜欢的动物的1个特征；能介绍2种动物	★★
声音不够洪亮、语言不够连贯、语音不够清晰，基本能介绍自己的姓名和喜欢的1种动物	★

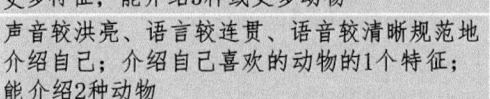

图1　学生用项目成果展示评价

表 6　　　　　　　　　　教师用评价量表

评价维度＼评估等级	超越标准	达到标准	未达到标准
学习习惯	能完全理解教师的指令，在自我管理的基础上能提醒纠正本组同学	能理解教师的指令，比较好进行自我管理	不能完全理解教师的指令，在听、说、读、写、画、做等各方面存在困难
学习能力	能高效完成课堂学习任务，并且在课下能利用信息技术和家长资源拓宽学习渠道，完善学习成果	能较好完成课堂学习任务，学习成果表达规范、得体，能进行集体展示	不能完整达成课堂学习任务，英语表达不清晰或不正确
创意表达	能综合所学英语正确、流利地表达动物相关话题，并能与教师和同伴开展3轮或以上的对话交流；动物头饰有创意	能运用所学英语正确表达动物相关话题，并能与教师和同伴开展交流；动物头饰制作符合美术学科教学要求	不能运用所学英语表达动物相关话题，不能与教师和同伴开展交流；动物头饰制作不符合美术学科教学要求
规则意识	规则意识强，能带领小组成员高效完成任务	有规则和集体意识，在小组合作中能优质完成自己承担的任务	规则意识差，不能与同学合作

续　表

评估等级 评价维度	超越标准	达到标准	未达到标准
成果表达	能用地道流利的英语自信、大方表演2个或以上节目、用3句或以上的话介绍自己喜欢的动物	能用正确规范的英语自信、大方地表演1个节目、用2句话介绍自己喜欢的动物	不能完整表演英语节目、不能介绍自己喜欢的动物
小组合作	能良好协调小组成员关系，共同配合完成各项任务	能积极参与小组合作，较出色完成自己的任务	在小组学习中不能积极主动配合，需要他人提醒或帮助才能完成自己的任务

"Hello 新朋友"

——我们的小小动物园

北京市顺义区李遂中心小学校　王帅　张杰　贾金梅　李晓辉

一、项目的由来

《义务教育课程方案（2022 年版）》指出，加强课程内容与学生经验、社会生活的联系，强化学科内知识整合，统筹设计综合课程和跨学科主题学习。加强综合课程建设，完善综合课程科目设置，注重培养学生在真实情境中综合运用知识解决问题的能力。开展跨学科主题教学，强化课程协同育人功能。

校园的真实需求：学校要建立微型生态农场，作为学生劳动教育基地，包括植物大棚和小小动物园。植物大棚里已经种了品种多样的蔬菜，小小动物园却空空如也，等待小动物到来。最终确定了"Hello 新朋友"——我们的小小动物园项目，在一年级开展，看学生能否找到合适的小动物，并懂得悉心照顾小动物。因为许多学生对小动物十分感兴趣，项目从兴趣点出发，让学生参与校园活动，形成主人翁意识，从而迅速提升学生的归属感和责任意识。

二、项目核心设计要素

（一）本质问题

如何围绕"人与动物的关系"，真正建立学科之间的关联。

（二）驱动性问题

学校要创建小小动物园，准备饲养一些小动物，小动物的小房子都已经建好了，你能找到合适的小动物，帮助其回家，为小动物们举办一场宣讲会吗？

（三）知识与技能目标

1. 语文

①学生喜欢学习汉字，在情境中主动识记动物主题汉字。
②学生通过阅读与农场有关绘本，积累词句，关心自然。
③学生通过小动物宣讲会，锻炼表达能力，有表达交流的自信心。

2. 英语

①学生能够在主题情境中认读农场动物类单词 pig, horse, sheep, hen, cow 等。

②学生能够用英文简单介绍小动物。

③学生通过对英文儿歌、绘本等与主题相关内容的学习，提高学习英语的兴趣。

3. 美术

学生通过欣赏、观察动物，完成美术作品，宣传热爱动物的情感，树立人与自然和谐相处的意识。

4. 跨学科

①学生能够结合校园动物园的实际情况选择合适的小动物。

②学生在项目实施过程中产生校园主人翁意识，关爱小动物，学会责任担当。

③学生能够拥有同理心，倾听和理解不同人的需求，学会合理表达自己的观点。

④学生能够团队合作，共同解决问题。

三、项目实施

（一）项目启动

在项目启动仪式上，三位学科教师向学生简单介绍了项目，并通过带领学生实地参观学校的小小动物园，提出驱动性问题。

设计问卷星，由于对象有一年级的小学生，所以用图文匹配的形式呈现问卷，家长与学生共同参与选择，最终评选出 10 种受欢迎小动物（见图 1）。

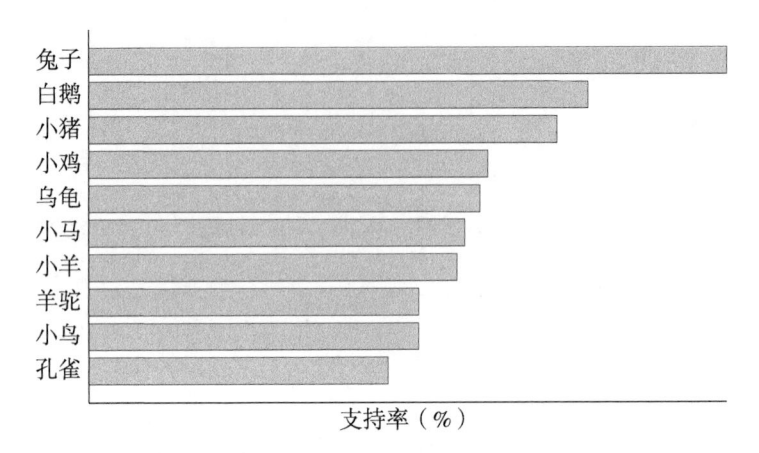

```
兔子  ████████████████████
白鹅  ██████████████████
小猪  █████████████████
小鸡  ███████████████
乌龟  ██████████████
小马  █████████████
小羊  ████████████
羊驼  ███████████
小鸟  ██████████
孔雀  █████████
                支持率（%）
```

图 1　受欢迎的小动物

将学生分成 6 个小组，每组 6 人，每个小组从最受欢迎小动物需求清单中选择 1 或 2 种动物，为下一步活动做准备。

（二）知识与能力建构

1. 确定问题

相关问题与任务等如表 1 所示。

表 1　　　　　　　相关问题与任务等

子问题	子任务	课时	预期成果
这些小动物适合生活在我们学校吗	学生明确小动物是否适合饲养的决定要素有哪些，讨论动物园设计方案，并选出最佳方案	6	小小动物园设计方案

续 表

子问题	子任务	课时	预期成果
小动物要来了，我们需要做哪些准备工作	学生阅读小动物养护类绘本，制订养护计划	6	小动物养护计划表
如何举办小动物宣讲会，向同学们介绍它们，号召更多的班级参与照顾小动物	各组确定宣讲形式和内容，按照宣讲流程练习，举办校内宣讲会	5	"Hello 新朋友"——我们的小小动物园双语宣讲会

2. 学生查找资料——团队了解小动物

在家长的帮助下，学生收集本组小动物相关信息，完成任务单。在小组内讨论小动物是否适合养取决于哪些因素。讨论内容涉及生活习性、家的大小与动物大小是否匹配、是否方便照顾、有无味道和噪声等。学生根据这些因素进一步讨论相关小动物是否适合生活在学校并确定答辩方案。

3. 学生阅读绘本——学会养护小动物

学生阅读《地下100层的房子》《天空100层的房子》《海底100层的房子》等相关绘本，了解动物习性，学习如何为小动物布置新家和照顾它们，并在班级内分享，小组合作制订养护计划。

4. 学生跨学科学习——准备宣讲小动物

各组成员结合实际情况讨论宣讲会的表演形式和内容，再利用语文、英语和美术课进行相关知识学习。比如鹅组的学生除了介绍小动物的家和饲养计划，还加入了用中英双语背诵古诗《咏鹅》；小鸟组的学生画出了不同种类的鸟并为其设计了新家，还表演了英文儿歌 *Five little birds* 和舞蹈等。为了宣传本组小动物，迎接它们的到来，学生课上课下学习兴趣高涨，经常在微信群里分享练习视频。项目式学习给学生带来了既真实又快乐的体验。

（三）产出成果与修订

各组学生的表演内容准备成熟以后，师生共同确定了宣讲流程，然后举办了一场模拟宣讲会。在模拟宣讲会上，每组成员为本组的小动物进行宣讲展示。其他小组提出建议，教师也会进行相应点评，同时邀请了学校领导对学生的初步展示进行评价指导。

（四）成果展示与出项

1. 小动物双语宣讲会，分小组展示，组内分工合作

各组的汇报形式不同，但学生都能够从动物习性、家的设计和养护计划以及才艺展示等方面宣讲，力求汇报形式的多样性。

每组汇报完毕后，台上、台下交流意见，分享在小组展示中学到的知识或者给予补充。

2. 宣讲会评价

一年级的学生第一次以这样的形式上课，教师引导学生从声音、站姿、介绍是否流畅这几个方面对同学进行口头评价，同时通过小组讨论，评选出最佳发言人。由组长投票，教师和家长选出最佳小组。

宣讲会最终确定了适合学校动物园养护的6种小动物，学生将养护计划提交给学校，等待动物朋友的到来。

四、学生评价标准（见表2）

表2　　　　　　　　　学生评价标准

序号	评价维度		评价星级		
			三星	二星	一星
1	过程性评价	活动计划安排	自主合理安排活动，设计时间计划，遇到困难时主动求助	在教师或家长的帮助下，活动安排比较合理	活动安排不太合理
2		资料收集整理	在家长的帮助下收集本组小动物的相关资料，做到全面多方位，并且自己能对资料进行分类整理	在家长的帮助下收集整理资料，自己全程参与	收集整理资料的工作全部由家长完成

续 表

序号	评价维度		评价星级		
			三星	二星	一星
3	过程性评价	口头表达练习	主动练习表达，将自己的发言内容熟练背诵下来	能够坚持练习表达，将自己的发言内容背诵下来	能将自己的发言内容熟练朗读出来
4		小组分工互助	小组有组长统筹协调，能够根据成员的能力明确分工，让每一位成员都发挥自己最大的潜能	小组成员在组长的带领下，分工相对明确、合理，做到人人参与	小组分工不明确
5		小组讨论质量	在小组讨论过程中，每名成员都能积极参与、主动表达自己的想法	小组讨论相对有效率，成员参与度高，能在规定时间完成讨论内容	小组讨论时会出现说与讨论主题无关内容的情况，讨论效率不高
6	总结性评价	宣讲内容	宣讲内容完整有条理，能把本组小动物的特点、习性等介绍清楚	宣讲内容基本完整，能够说出本组小动物的相关信息	宣讲内容欠完整，不能给出饲养小动物的计划和原因
		小组宣讲展示 宣讲形式	能用儿歌、背诵、舞蹈等多种新颖的形式进行宣讲	展示形式较丰富，但缺乏创意	宣讲形式较单一
		成员表现	汇报时精神饱满，自信大方，声音洪亮、口齿清晰、站姿标准	汇报时能够清晰表达，但舞台表现力欠佳	缺乏自信，声音、站姿等没有完全达到要求

续 表

序号	评价维度		评价星级		
			三星	二星	一星
6	总结性评价	小组宣讲展示 宣讲效果	宣讲有感染力，能增强同学对本组小动物的喜爱，激发同学饲养该小动物的强烈意愿	宣讲吸引力较好，能够激发同学饲养小动物的意愿	宣讲吸引力一般，只能激发少部分人加入养护队伍
7	总结性评价	手工作品	有关于本组小动物的绘画或其他手工作品，作品精美并能体现出宣讲主题	作品较好，能够凸显主题但创意一般	作品不够美观，不能凸显主题

五、项目反思

学生层面：学生经历了"发现问题—提出问题—查阅资料—小组合作—小组宣讲"的过程，这是一次很难得的经历，同时挑战重重。过程虽然很辛苦，但学生收获满满。学生参与了整个过程，学会了一些动物主题的汉字、成语等语文知识，练习了英文表达。比学到知识更加可贵的，是学生通过项目式学习知道了要做好一件事是非常不容易的。活动结束后学生产生明显的变化，他们的主动学习并没有因为项目结束而终止。学生的上课的状态改变了，有几个"小淘气"上课变得特别积极，课后在阅读群里每天依然热热闹闹地发着中英文阅读的视频。这就是项目式学习的作用：学生养成了主动学习的好习惯。

教师层面：通过参与这个项目对课堂教学有了新的认知——项目式学习给学生素养发展提供了一个平台，在这个平台上，学生可充分发挥自己的智慧。以后在设计学习活动的时候，要向任务型、结构化教学转变。根据学生的认知发展水平和学习内容，设计跨学科项目，合理安排课时，给学生独立思考的机会。要引导学生小组合理分工，自主设计并实施项目方案，解决问题、展示作品，学习评价与之相伴。

当然项目存在需要改进的地方，比如学生的小组配合不够默契，汇报和表达还不成熟，甚至有的学生本来都背下来了，上台却紧张、不会说话了。学生互评时只选择声音、站姿、介绍是否流畅这几个角度，形式比较单一。但这只是开始，相信以后随着活动次数的增多，学生会越来越有经验，评价的角度也会越来越多，甚至可以对小组汇报进行补充或提出疑问。学生能够全方面多角度评价是下一步的培养目标之一。

小图书角的变迁

北京市顺义区裕龙小学　张海飞

一、项目简介

为了给学生营造良好的阅读氛围，学校在每个楼层都设置了小图书角。久而久之，小图书角演变成了学生的游戏场。基于此，通过开展项目化学习活动，综合利用语文、数学、美术等多学科知识，在小图书角布展，让小图书角发挥它应有的作用。

本项目时长 4 周，共 8 课时，涉及语文、数学、美术、道德与法治、信息等学科。

项目流程如图 1 所示。

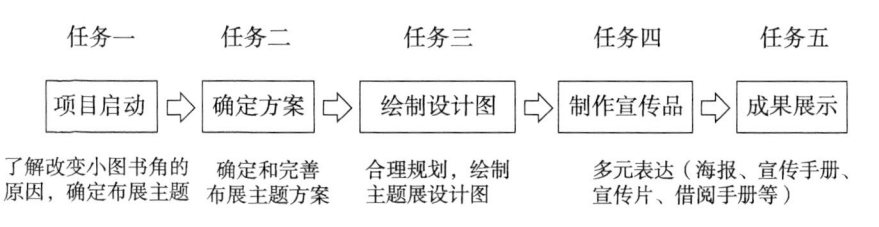

任务一	任务二	任务三	任务四	任务五
项目启动	确定方案	绘制设计图	制作宣传品	成果展示
了解改变小图书角的原因，确定布展主题	确定和完善布展主题方案	合理规划，绘制主题展设计图	多元表达（海报、宣传手册、宣传片、借阅手册等）	

图 1　项目流程

二、驱动性问题

为了充分发挥楼道小图书角的阅读空间功能，如何在小图书角进行主题布展？

三、学习目标

学生通过调研等途径，了解需求，确定小图书角布展主题、方案。

学生综合运用语文、数学、美术、道德与法治、信息等多门学科知识技能，制作海报、宣传手册、宣传片等，提升多学科综合运用能力和学科素养。

在小图书角变迁的真实情境中，提升学生的交流沟通、团队协作和实践创新能力。

四、项目评价

针对项目制定的评价标准如表 1 所示。

表1　　　　　　　　　　项目评价标准

评价等级 评价维度	A	B	C	等级
方案制订	结合阅读者需求设定合理布展方案，布展方案项目齐全，能有效达成布展要求	结合阅读者需求设定合理布展方案，布展方案项目基本齐全	未能结合阅读者需求设定合理布展方案，布展方案项目简单	
宣传作品	宣传作品精彩生动，呈现出色的宣传效果，令阅读者满意	有手工宣传海报、宣传PPT等，但效果一般	没有宣传海报、PPT或宣传视频，宣传词没有说服力	
活动延展	借阅制度规范，激发阅读者兴趣，借阅秩序井然	借阅制度规范，阅读者阅读数量较少	未能激发阅读者阅读兴趣	
小组协助	整个过程保持富有成效的合作关系	倾听并尊重每个人的观点	没有为所有成员创造分享想法的机会	
	在合适的情况下，考虑到每个人的需求	相对公平分配工作	没有公平分配工作	
	团队协作所创造的成果远远超过任何个人所创造的成果之和	根据成员各自强项委派任务	没能充分利用组员的优势委派任务	

五、项目实施

(一) 项目启动,确定主题 (1 课时)

目标:启动项目化学习,让学生了解改变小图书角缘由,确定布展主题。

核心问题:一个好的布展主题应该是怎样的?

学习活动如下。

1. 项目启动

项目伊始,出示小图书角课间场景图片,引导学生积极投身小图书角的变迁项目。

2. 思维碰撞

根据趣味性、系列性、可操作性等特点,进行小组讨论。依据推荐书目(相关内容见表2),确定小图书角布展主题,即"走进民间故事"。

表2　　　　　　　　推荐书目相关内容

学科	推荐书目	落实能力点
语文	《中国民间故事》 《非洲民间故事》 《欧洲民间故事》	1. 了解故事内容,创造性复述故事 2. 拓宽阅读视野,产生阅读兴趣

（二）确定方案，逐步完善（2课时）

目标：学生通过小组合作，确定小图书角的布展方案并细化方案。

核心问题：如何确定小图书角布展方案？

学习活动如下。

为了顺利完成小图书角的主题展，需要制订合理的方案，帮助后续活动有序开展。在该阶段第一课时，教师提供设计方案学习支架，引导学生从主题、设计理念、人员分工、具体实施过程、可能遇到的困难及解决办法等方面进行思考设计，完成小图书角的布展方案初稿。小图书角布展方案见表3。

表3　　　　　　　　　小图书角布展方案

	时间：_____ 成员：_____
主题	
设计理念	
人员分工	
具体实施过程	
可能遇到的困难及解决办法	

在该阶段第二课时，基于各小组交流展示的方案，教师根据共性问题和个性问题进行引导，各小组进行方案完善，最后选出最佳方案。最佳方案评价用表如表4所示。

表4　　　　　　　　　最佳方案评价用表

项目	标准	自评	伙伴评	教师评
设计理念	具备创新性，能够紧密结合主题进行设计	☆☆☆☆☆	☆☆☆☆☆	☆☆☆☆☆
人员分工	分工合理，能够通力协作	☆☆☆☆☆	☆☆☆☆☆	☆☆☆☆☆
实施过程	整个设计具有可操作性，能够有效实施	☆☆☆☆☆	☆☆☆☆☆	☆☆☆☆☆
	能够有效激发阅读者兴趣，达成目标	☆☆☆☆☆	☆☆☆☆☆	☆☆☆☆☆
	布展合理，能够有效整合资源	☆☆☆☆☆	☆☆☆☆☆	☆☆☆☆☆

（三）合理规划，绘制设计图（1课时）

目标：学生运用数学、美术学科知识，绘制切实可行的设计图。

核心问题：如何通过绘制设计图合理规划小图书角？

学习活动如下。

1. 交流考察情况，互动研讨

各小组交流前期小图书角实地考察情况，通过数据分析、图片展示等呈现考察结果。

2. 小组分工，绘制设计图

结合调研结果，每个小组为小图书角绘制设计图。在绘制设计图时，学生充分考虑小图书角布展的美观性、实用性、安全性等实际问题。

3. 小组展示，确定最佳设计

以小组为单位展示并介绍本组绘制的设计图，在各组交流展示后，全班结合评价量表选出最佳设计图并按照此设计图来实施。

（四）宣传主题展，制作宣传品（3课时）

目标：学生根据个人兴趣点，组成团队，确定各小组宣传作品；通过小组合作学习、独自收集资料，制作创意宣传品。

核心问题：从哪些方面对小图书角的主题展进行布置？如何制作创意宣传品？

学习活动如下。

该阶段第一课时，根据个人兴趣点，学生自由组队，确定宣传品类型。学生分为海报宣传组、宣传片制作组、借阅手册组、宣传手册组等，并初步根据宣传品进行人员分工和制作准备。

该阶段第二、第三课时，学生对收集到的材料进行整理，小组通力合作完成宣传品制作，并在教师的引导下不断完善。

例如借阅手册组，从"怎样让阅读者有序借阅手册""怎样制定手册让阅读者严格遵守规定""如何通过评价等方式让阅读者保护图书，并积极进行阅读"等出发，围绕这些问题，在教师引导下不断完善阅读手册并建立评价机制。

（五）成果展示（1课时）

目标：多样、创意表达宣传成果。

核心问题：如何精彩展示小组成果？

学习活动如下。

1. 回顾学习历程，明确任务

教师带领学生回顾整个项目的学习历程，明确本次成果展示任务。

2. 小组展示，共同学习

各小组根据宣传品的不同，进行成果展示。

3. 依据评价量规，多元评价

教师依据评价量规，对成果进行多元评价。

六、项目成效

本次项目化学习，强调学生基于真实的问题情境，进行高阶学习，提升核心素养。在真实的问题情境中，学生从发现问题到解决问题，综合运用语文、数学、美术、道德与法治、信息等多门学科知识技能，真正实现了跨学科学习。学生通过提升团队协作和实践创新能力，实现其作为"完整的人"的全面发展。同时，整个过程，从课堂"跨"向课外，真正实现以学生为中心实践转型。

本项目拥有丰富展示成果，如海报、宣传片、借阅手册、宣传手册等。这些非常好的资源不仅改变了小图书角的使用状况，也为其他年级起到了示范作用。学生紧紧围绕"走进民间故事"这一主题布展，有效促进了语文学科的学习，为语文学科提供丰富的课程资源。同时，借阅手册的使用让阅读更有序，帮助学生建立爱护图书、合理使用图书等意识，在整个校园营造了书香阅读氛围。

七、项目反思

在整个项目实施的过程中，鉴于教师和学生都是第一次尝试项目化学习，还有问题需要解决。尽管本次项目化学习从真实问题出发，尝试运用跨学科的方式解决问题，但在各学科融合上，还可以更进一步，设计更加符合高阶思维的学习活动；在实践指导层面，教师可以拓宽视野，提供更加有效的学习支架和更加科学的评价量规，促进整个学习进程优化。

我的英语绘本我来讲

北京市顺义区教育研究和教师研修中心
附属实验小学 王玲

一、项目概览

1. 项目简述

学生在学校期间学习了很多英文绘本，在学习英文绘本的过程中，提升了阅读能力与鉴赏能力。但是之前绘本教学仅停留在学生欣赏的阶段，为了提升学生的表达能力和综合运用语言的能力，教师带领学生一起进行英文绘本的创作，并鼓励学生将自己的绘本讲给低年级的学生和教师、家长听，投票选出最喜欢的英语绘本并推荐给绘本编辑。本项目在五、六年级进行，项目总时长为一个学期。

2. 驱动性问题

我们学习了这么多的英语绘本，你想不想自己制作一本英文绘本，把有趣的故事或者一些科学知识通过英语介绍给别人呢？如何创造出精彩的英文绘本呢？怎样才能把自己的绘本介绍给别人呢？

二、项目实施

（一）组建团队

组建教师团队：一共组建了两个团队，成员均为六年级英语教师。笔者讲解如何完成本工作以及这个工作的重要性。

教师在班上发动学生参与绘本制作活动，由学生自愿组成小组，每个小组可以是两个人、三个人或者更多人。任务单见表1。

表1　　　　　　　　　　任务单

任务名称	我的英语绘本我来讲
小组成员	六年级英语教师及学生
目标描述	1. 学生通过学习绘本，提升分析绘本能力 2. 学生通过制作绘本，提升绘画、语言组织能力以及合作能力等 3. 学生通过新闻发布会，提升表达能力

小组分工（六年级学生分工）				
姓名	需要完成的工作（每人要选择1或2项）			
学生 A	A ☑画画	B □语言	C □创作	＿＿＿＿ □
学生 B	A □画画	B ☑语言	C □创作	＿＿＿＿ □
学生 C	A □画画	B □语言	C ☑创作	＿＿＿＿ □
学生 D	A ☑画画	B ☑语言	C □创作	＿＿＿＿ □

（二）项目启动

参与年级：六年级。

参与教师：六年级英语教师。

活动时间：2022 年 9 – 12 月。

项目计划如表 2 所示。

表 2　　　　　　　　　项目计划

时间	学习目标	子问题	子任务	子成果
9月1日—9月30日	学生通过学习绘本，提升分析绘本能力	如何阅读、理解绘本	1. 向学生推荐适合的英文绘本 2. 培养学生阅读技巧 3. 学生学会总结阅读技巧	学生掌握阅读绘本的技巧
10月8日—10月31日	学生通过学习绘本，养成阅读习惯	怎样才能坚持每周读 1 或 2 本英文绘本	培养学生阅读习惯	学生完整展示所读绘本（朗读）
11月1日—11月30日	学生通过制作绘本，提升绘画、语言组织能力以及合作能力	如何设计、绘制绘本	1. 小组分工 2. 设计绘本内容 3. 小组进行绘本制作	学生小组内完成绘本制作
12月1日—12月31日	学生通过新闻发布会，提升表达能力	如何向别人推荐自己制作的绘本	1. 小组进行发布会分工 2. 召开新闻发布会 3. 评选最佳绘本设计以及最佳推荐小组	学生学会生动、详细向别人介绍自己创作的英文绘本

（三）知识与能力准备

1. 学生特点

学生已经熟练掌握课本知识，能够听、说、读、写课本对话内容。

学生喜欢听故事、讲故事，能够自主创作故事。

擅长画画的学生能够根据对话等故事内容画出相应内容。

有一部分学生有一定的组织能力，能够合理分配任务，并合理综合运用大家的成果。

2. 教师明确任务

教师带领学生完成常规课本内容学习。

教师利用常规教学时间为学生提供适合的英语绘本，通过朗读等帮学生接触英语绘本，帮学生熟悉绘本的语言、图画设计。

教师规定主题（与教材内容、进度相对应），学生独立或小组合作完成绘本设计，教师给予绘画和语言方面指导。学生利用课后时间仿照所读绘本制作 4~8 页的绘本。高年级学生根据课本单元主题知识（如奥运会相关知识等）自主创作绘本。

教师指导学生向别人推销绘本。

3. 不同学科教师进行绘本创作指导

（1）英语教师

将英语绘本与学校课本内容相结合，选择奥运会、看病、寻找物品等主题的绘本。在课堂上讲授内容丰富、配图精美的英语绘本，引导学生关注作者的创作手法以及语言的运用，并提出要求：学生制作的是英语绘本，在创作文字内容时，要保证语言简洁，无语法错误和拼写错误，如果有不会写的语句，可以寻求教师的帮助。

（2）语文教师

语文教师对学生说明：想要制作故事类的绘本，首先要有一个主题，要想清楚通过绘本表达什么，当然创作的故事应该是积极向上的。绘本要想吸引读者，就要有精彩的故事情节，故事要有始有终，人物要性格丰满，语言要风趣幽默。如果是创作科普类的绘本，就要有严谨的科学知识作支撑，通过简单的语言或配图让大家明白科学知识。

（3）美术教师

指导学生观察学过的绘本，指出它们大多数都画风简洁、漂亮大方，图片内容能够帮助读者更好理解故事。因此，学生在创作时也可以根据这个思路进行绘制。如果学生自己绘制，可以通过先画草图再优化的方式完成配图；学生可以寻求家长的帮助，运用电脑技术进行配图绘制。绘制的时候要注意图片的位置，图片不能遮挡文字，也不用特别大。绘制的图片一定要和故事内容相匹配，尽量不要画无关的内容。

（4）音乐与舞蹈教师

对学生说明在表演的时候，要做到台词有感情和表现力，有丰富的表情，设计符合人物情感的动作，表演要有感染力，必要的时候可以配上适合的音乐。表演前需要反复排练，还要加强小组间的合作默契，添加必要的道具。

（四）形成初步成果与修订

高年级从两个方面进行绘本制作。一是仿制绘本：针对英语水平中等的学生，教师利用常规教学时间为学生提供适合阅读的英语绘本，之后学生选择自己喜欢的绘本在课后仿制。二是小组合作或者独立完成教师规定主题的 10 页以上的绘本自创，主要针对英语水平较高的学生，如关于奥运会的、旅游的绘本等。小组合作模式：擅长绘画的学生负责根据内容画画，擅长文字的学生负责根据主题创作故事，擅长英语的学生负责运用语言知识，擅长组织的学生负责分配任务……比知识更重要的是想象力与创造力，绘本制作恰恰弥补了学生这方面的不足。经过实践，学生制作出了主题鲜明、内容迥异、色彩丰富、语言严谨、妙趣横生的英文绘本。

（五）成果展示

在学生制作好自己的绘本之后，在班级和年级召开"新闻发布会"。"新闻发布会"就是学生向别人推销自己小组制作的英文绘本，由小组成员共同组织和发布，发布内容为向别人介绍自己小组是如何设计、制作绘本的，绘本的内容是什么。组长进行分工，针对组内成员的不同特点分配任务，如擅长口语交际的介绍内容，擅长表演的把绘本的部分内容表演出来，擅长制作 PPT 的把绘本主要内容以 PPT 形式展示给其他人……

"新闻发布会"分为三个层级。

班级发布会：根据学生在班级内发布绘本的情况，每班评选出两个最佳小组。

年级发布会：教师组织举办年级的"新闻发布会"，由每班评选出的两个最佳小组代表本班在年级内继续介绍自己小组的绘本，评选出两个年级最佳小组。

校级发布会：邀请学校领导和家长参与进来，学生可以在介绍的时候配合故事搭配使用道具、服装等，评选出最佳绘本、最佳表演、最佳创意、最佳口语等单项奖，并将学生制作的优秀绘本在全校推广阅读，扩大绘本的影响力。

在"新闻发布会"上，学生争先恐后向别人介绍本小组的绘本，进一步提高了口语表达能力，增强了学习英语的兴趣和自信心。尤其是项目邀请了家长，并在全校推广绘本，让学生更有成就感，更有创作绘本的动力。学生在制作绘本过程中，运用英语进行交际的能力有了很大提升。

三、项目评价与反思

本项目的评价包括小组评价与个人评价，既有过程性评价又有形成性评价，通过评价激发学生兴趣，检测学生学习情况。评价量规见表3，评价表见表4。

表3　　　　　　　　　　评价量规

评价项目	评价内容	评价等级 ☆☆☆	☆☆	☆
制作绘本	故事内容	故事有主题，内容健康、积极向上，趣味性强	主题较为明确，故事内容趣味性较强	故事有主题，故事内容较为平淡
制作绘本	语言文字	语言生动、规范、简洁，无拼写、标点错误	语言生动、简洁，拼写、标点错误不超过3处	语言较为简洁，拼写、标点错误不超过5处
制作绘本	配图	配图精美、准确、生动，能够辅助读者理解故事	配图准确、生动，能较好表现故事内容	配图简单
制作绘本	组内任务分配	组内分配任务适当，能发挥组员特长，能主动承担任务，合作默契，出色完成任务	分配任务较为合理，能积极配合组内活动	能完成组内分配任务
表演绘本	语言	表演时有感情、有爆发力、发音准确	表演时有感情、发音错误不超过2处	发音错误5处以下
表演绘本	动作、表情	表演时动作、表情符合人物情感，能够引起观众共鸣	表演时表情、动作较为到位	表演时表情、动作较为充分
表演绘本	道具、化妆	能够根据故事内容配置适当道具并进行适当化妆	有道具但较为简单；化妆比较符合人物身份	能准备道具并进行简单化妆
表演绘本	小组合作	能够根据组员特点进行人物分配，并出色完成合作表演	小组合作较为默契	能够完成小组合作表演

表4　　　　　　　　　　　　评价表

评价项目	评价内容	评价结果			
		学生自评	生生互评	小组评价	教师评价
制作绘本	故事内容				
	语言文字				
	配图				
	组内任务分配				
表演绘本	语言				
	动作、表情				
	道具、化妆				
	小组合作				

植物探索者之冬天的植物

——PBL 项目式学习案例

北京市顺义区李桥中心小学校　王亚彬

一、项目概览

（一）项目开设原因

小学生在学校虽然学习了相关的科学课程内容，但是对于周边的植物了解不够，有的甚至不能说出周边植物的名称。部分学生虽然全面学习知识，却不能学以致用。本项目的设定，遵循自然即课程的宗旨，使学生有机会走向自然，在实践、探索自然的过程中，拓宽视野，引发探究兴趣，培养科学精神，将学科知识整合为跨学科概念，并内化为连贯的、清晰的、整体的认识。项目把周边的自然资源变为学习资源，使学生真正做到了学以致用，提高了学生的知识迁移和应用能力。

（二）项目开展优势

东郊湿地公园就在学校附近，学生走路十分钟即可到达，此处有着充分的活动资源。学校可以依托湿地，组织学生去观察、探究，这样的活动让学生乐学、爱学，可以引发学生探究兴趣，培养科学精神，实现学生跨学科学习。

（三）项目核心知识

1. 学科大概念

生物存在方式反映了它们对环境的适应情况。

2. 驱动性问题

植物到了冬天有什么变化？你能帮助它们度过寒冷的冬天吗？

3. 基础学习目标

（1）学生通过观察、调查，进一步认识周边植物，了解它们的生活习性和特征。

（2）学生了解植物在寒冷的冬季有何变化和它们是如何过冬的。

4. 跨学科目标

（1）学生通过阅读图书、上网（文献法），实地考察、访谈（实践法）等方法收集信息，通过思考、小组交流、筛选、提取信息。学生掌握获取信息的方法。

（2）在小组探究合作学习过程中，小组成员协作，对信息进行分类，并根据学习专题对信息进行处理。

二、项目实施过程

整体教学思路如图 1 所示。各阶段教学设计见表 1 至表 5。

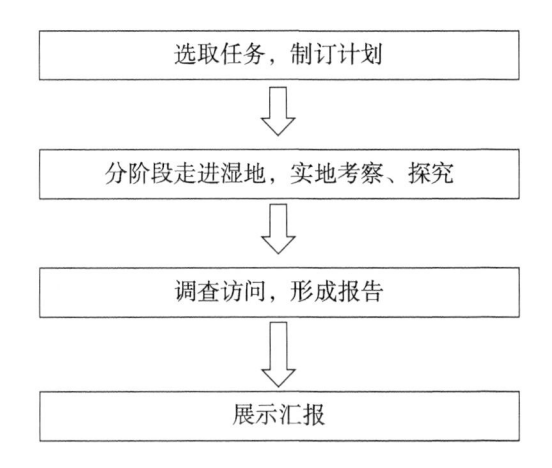

```
选取任务，制订计划
      ↓
分阶段走进湿地，实地考察、探究
      ↓
调查访问，形成报告
      ↓
展示汇报
```

图 1　整体教学思路

表 1　　　　　　　　第一阶段教学设计

教学目标
1. 带学生走进东郊湿地公园实地考察，让学生观察、思考研究主题
2. 学生选择可研究的内容作为任务，并以研究性学习的方式形成学习小组
3. 培养学生收集处理信息、设计活动方案、提出问题、与他人合作的能力

教学过程
1. 布置任务：冬天到了，走进湿地，寻找植物的变化
2. 学生交流自己在东郊湿地公园的观察结果
3. 教师指导，确定研究主题： 调查"湿地中不同时间、不同地点的植物因温度、湿度的变化，自身生长发生什么变化"
4. 学生按自愿结合的原则分小组，各小组设计活动方案
5. 学生交流、补充，不断完善设计方案

表 2	第二阶段教学设计
教学目标	

1. 学生走进东郊湿地公园实地考察，学会使用温度计等科学工具，针对湿地中的变化进行探究，通过实验测试、网络调查等方式了解湿地中不同时间、不同地点的植物因温度、湿度产生的变化，自身生长会发生的变化
2. 培养学生的观察能力、调查分析能力、收集与处理信息的能力

教学过程

1. 湿地实地考察前准备
准备温度计、土壤湿度计等测量工具；准备探究记录表。
2. 学生分组走进湿地，根据自己小组的设计方案进行实验测量
在 11 月一个月中，对选择区域的不同时间、不同地点的植物温度、湿度的变化进行坚持记录。
3. 整理收集到的资料
小组里的人对收集的资料进行归纳整理。

表 3	第三阶段教学设计
教学目标	

1. 学生通过实地考察和网络学习了解更多的湿地特征和相关知识
2. 学生通过阅读图书、上网（文献法）、实地考察、访谈（实践法）等方法收集信息，通过思考、小组交流筛选、提取信息。学生掌握获取信息的方法
3. 在小组探究合作学习过程中，小组成员协作，对信息进行分类

教学过程

1. 布置任务：让学生利用假日出行，关注更多的植物情况，通过网络，了解植物相关知识
2. 学生整理在东郊湿地公园中探究的资料和通过网络收集的相关资料
3. 学生交流，进一步整理资料

表4	第四阶段教学设计

教学目标

1. 学生通过走进湿地实地考察，针对湿地中的植物变化进行探究，通过实验测试、网络调查等方式了解湿地不同时间、不同地点的植物因温度、湿度的变化自身发生的变化
2. 在小组探究合作学习过程中，小组成员协作，对信息进行分类，并根据学习专题对信息进行处理

教学过程

1. 出示湿地变化相关图片：让学生说说不同

教师提问："为什么会出现这样的现象，你们觉得造成这种现象的因素有哪些？"

解释：寒冷的冬天，杨树柳树纷纷落叶，这可以降低蒸腾作用，减少蒸腾作用导致的热量散失，避免因温度过低而冻伤甚至冻死。杨树柳树等落叶植物叶子开始变黄甚至掉落，是植物对冬季寒冷环境的一种适应。一些低矮的草本植物对环境的适应性较强，耐寒能力也较强。

2. 通过网络进行调查

学生了解到植物生长需要温度、水、阳光、空气、土壤等因素。各小组成员对这些因素又进行了分析。发现选取的观测点的植物的阳光、空气、土壤等情况基本相同，最后认为影响植物生长的主要因素是温度和水。

3. 学生分组汇报

介绍小组分工：测量温度，测量湿度，查阅资料，整理资料。

介绍实验仪器、实验方法。

汇报交流相同地点、不同时间植物的变化。学生示例如下。

"11月5日，我们初次走进湿地，我们对2、3、4号地点分别进行了观察，看到的景象是这样的（学生展示相关图片）。"

"11月5日中午我们测量时温度约为15℃，现场比较湿润，适宜植物生长，所以虽然是11月，但是我们可以看到这几个地点低矮的草本植物仍郁郁葱葱的。"

"11月15日，白天平均温度降到8℃，夜间温度降到约1℃，我们测定的温度在11℃左右，湿度变小，明显可以看到植物变黄了很多，也少了很多，但依然有绿意。"

"11月25日，白天平均温度降到4℃，夜间温度降到-6℃，测定的温度在5℃~7℃，湿度变小，我们看到的是一片荒芜的景象，到处都是枯树、枯草。"

续表

"这是我们测量到的数据。"

观察地点	时间	测量温度（℃）	测量湿度相对值
2号（林间空间）	11月5日	13	5
	11月15日	11	2
	11月25日	5	1
3号（湖东岸林间）	11月5日	12	6
	11月15日	11	4
	11月25日	5	3
4号（湖东岸林间）	11月5日	13	5
	11月15日	11	4
	11月25日	7	2

汇报交流相同时间、不同地点的植物变化情况。学生示例如下。

"11月5日，三个地点的温度、湿度相差不大，植物生长情况也差不多。"

"11月15日，虽然温度差异不大，但是湿度有了比较明显的变化，三地的表现差异越来越大。"

"11月25日，湿度和温度的变化都非常大，三地的表现也不同。"

结论：通过实验测量，可以看出，温度和湿度的变化影响了植物的生长。

4. 布置任务

教师说："冬天来了，动物们有的冬眠，有的迁徙到温暖的地方，你知道植物是怎样过冬的吗？请大家回去收集资料，下一次我们的活动主题就是植物怎样过冬。"

表5	第五阶段教学设计
教学目标	

1. 学生通过调查，进一步认识周边植物，了解它们的生活习性
2. 学生了解植物在寒冷的冬季有什么变化和它们是如何过冬的
3. 学生通过阅读图书、上网、访谈等方法收集信息，通过思考、小组交流筛选、提取信息，掌握获取信息的方法
4. 在小组探究合作学习过程中，小组成员协作，对信息进行分类

续 表

教学过程
1. 让学生收集植物过冬的资料，选取一种植物进行详细研究，绘制资料卡或手抄报 2. 学生分组交流植物过冬的方法 3. 班级成果展示

三、项目评价与反思

本项目是一个综合性很强的项目，它具有连续性。项目根据学生的年龄特点和植物的季节特点开展。要注意：根据学生的实际情况选择内容，将研究问题分解为一个个层层深入的小问题，同时创设生动的学习情境，这样才能水到渠成。项目不仅锻炼了学生的观察能力、动手能力和思维能力，还锻炼了学生收集、整理资料的能力，提升了学生的语言交际能力、合作探究能力和动手操作能力。

在项目中，学生亲身经历整个过程，掌握了很多有用的科学方法，也拓宽了知识面，学生非常喜欢本项目。学习内容具有很强的开放性、灵活性，环境教育资源与丰富多彩的校本性实践活动相融合，让学生"在快乐中学习，在体验中感悟"，有利于充分挖掘学生的个性潜能优势，促进学生全面发展。

"小小童话家"项目式学习案例

北京市顺义区建新小学　刘立竹

一、项目的由来

童话以丰富的想象、鲜明的形象、曲折感人的故事情节和浅显易懂的语言深受学生喜爱。本项目基于"童话王国""感受童话丰富的想象、试着自己编童话,写童话"等语文要素,引导学生通过项目式学习,品读童话故事,感悟故事中的真善美,同时化身小小童话家,妙笔新编自己的童话故事。本项目让童话走到学生的心中,让童话浸润精彩童年。

二、项目核心设计要素

(一)本质问题

如何发挥丰富的想象创编属于自己的童话?

（二）驱动性问题

孩子们，读了这么多童话，你想不想也写一个受人喜爱的童话故事？想不想也写一本属于自己的童话书？想不想把这本童话书推销给其他班级的小朋友？

（三）核心能力

1. 主要学科（语文）涉及的核心能力

学生感受童话丰富的想象；试着自己编童话、写童话。

2. 跨学科涉及的主要知识点

美术：学生根据最喜欢的童话故事绘制一幅童话海报；根据自己的童话故事创作主题插画。

信息：学生学习将自己的童话故事，通过打字编辑为 Word 文件；试着对自己的插画进行拍照并适当修改后存为图片。

（四）学习目标

（1）学生培养自主学习、独立思考的精神。

（2）学生使用现代化信息技术等方式进行学习和编辑，提升信息素养。

（3）学生创造性编写童话故事，助力多元化、个性化发展，提升创新素养。

（4）小组分工合作，培养协作精神，提高合作与沟通能力。

三、项目实施

1. 发布驱动性问题

面向三年级40名学生，教师发布了此次项目式学习的驱动性问题。

2. 任务分解与安排

在小学语文三年级上册中，第三单元涉及童话世界的内容，围绕童话世界编排了四篇童话故事，每个故事都对学生有着教育意义。教师以课本为载体，以课内外阅读童话为主渠道，致力于引导学生感受童话丰富的想象，感受童话的奇妙与快乐并乐于与大家分享阅读成果。教师用先"导读"后"研读"再"创作"的方式安排童话阅读课程，从制订阅读计划、完成阅读存折起步，营造童话阅读氛围，最终学生逐项完成写童话故事大纲、撰写童话故事和绘制插画等学习任务。

3. 具体实施

项目的实施主要围绕五个子问题展开。子问题一：你最喜欢的童话故事是什么？子问题二：如何撰写故事大纲？子问题三：如何写好一篇童话？子问题四：如何制作一本童话书？子问题五：如何推荐我们的童话书？

围绕子问题一，完成以下任务。利用梧桐阅读存折引导学生完成《安徒生童话》《格林童话》《稻草人》三本书的阅读。学生利用该阅读存折记录、积累、分析童话；通过"我最喜欢的童话故事"海报制作以及参加故事分享会等形式，增强对于童话的兴趣及了解。

围绕子问题二，邀请童话作家唐安兴对学生进行"跟着作家唐安兴老师，一起进入童话世界"线上教学，唐安兴从如何构思童话人物、如何构思童话大纲等方面对学生进行了系统指导。借助童话大纲，学生完成童话故事的初步建构。

围绕子问题三，开展"攀登童话故事山"写作方法指导课。教师通过猜童话、理特点、攀登故事山等活动带领学生总结已经学过的语文课文中童话故事的特点，并利用童话故事山（见图1）的形式帮助学生把故事写得更生动有趣，指导学生完成童话故事第一稿。在小组线上故事分享会上，学生借助好故事的评价标准进行童话故事小组互评，每位学生充分吸纳同学的建议进行童话故事的二次、三次修改，基本形成最终故事稿。

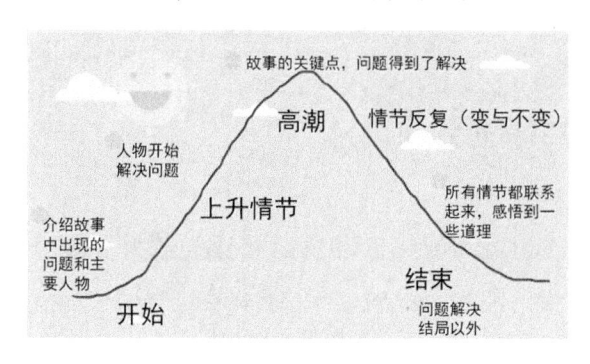

图1 童话故事山

围绕子问题四，进行了三层任务分解。

第一层，考虑到当时学生居家上课的情况，语文教师结合信息技术课，请信息技术教师在线上对学生进行电脑打字教学。通过课上的指导、课下的练习及家长的协助，学生完成了电子书稿的录入工作。

第二层，为了让童话书更具吸引力，语文教师根据学生的需求邀请美术教师结合本学期连环画的知识点开展故事插画绘制专题课。借助学习到的美术知识，学生完成了自己作品的插画绘制，虽然略显稚嫩，但每一笔都体现了奇思妙想。

第三层，学生翻看书籍、自主研讨，确定了制作目录、汇总、校对的任务分工，并分为五个小组进行书稿的初步编辑。最后，学生在语文教师的帮助下完成了最终的包括39篇童话故事的《创意妙想童话集》。当学生拿到属于自己的第一本童话书时，喜悦溢于言表。

围绕子问题五，进行童话故事集推销活动。学生登上学校小舞台、公众号，对自己的童话书进行展示与介绍，得到了同学的喜爱。

四、项目评价及反思

以项目式学习为依托，以童话阅读为载体，基于童话阅读单元，学习研究童话阅读方法，引领学生走进更广阔的童话世界。本项目体现出以下亮点。

1. 合作式学习

从童话阅读单元中提炼要素，确定项目式学习的导入方式，通过设计真实的驱动性问题，组织学生以自主、合作、探究的方式进行童话阅读，最后以个性化、多元化的作品呈现项目成果。

2. 探究不同阅读方法

学生对童话的人物、内容、框架等方面有了深刻理解与思考。他们在过程中学习到一系列阅读方法，并能将其运用到之后的课文学习和课外阅读中。

3. 提升多元能力

学生通过这次的项目式学习，不仅培养了动手实践能力，还培养了主动探究的兴趣和团结合作的精神，发展了想象力和创造力。

不足之处：项目后续活动基本在线上开展，教师不能一对一地、更有针对性地指导每一个学生。如果可以有更加充分的面对面交流机会，相信学生的作品会更加精彩。

中华优秀传统文化"我是光明小诗人"古诗词诵读课程

北京市顺义区光明小学　黄秋娟

一、背景

《义务教育语文课程标准（2022年版）》"总目标"指出：认识中华文化的丰厚博大，汲取智慧，弘扬社会主义先进文化、革命文化、中华优秀传统文化，建立文化自信。

二、驱动性问题

如何通过诵读提升审美情趣，从而助推传统文化的传承？

三、课程实施

课程依托学校的诗词读本，在一至六年级全面推行，按照不同阶段的主题展开，从班级、年级、校级三个层面进行阶段性评价。教学方式包括古诗词诵读、课本剧展演、传统节日展示等。课程内容、实施方式、特点见表1，课程具体安排见表2。

表1　　　　　　　课程内容、实施方式、特点

课程名称	内容	实施方式	特点
古诗词诵读	1. 诗词读本中必背篇目（一至六年级必背） 2. 诗词读本中提升篇目（一至六年级选背） 3. 诗词读本中拓展篇目（一至六年级选背）	1. 学生每天早上10分钟经典诵读 2. 与语文学科教学整合，学生课前3分钟诵读古诗词 3. 利用课外休闲时间学生自主进行诵读	年级制订诵读计划，班级组织学习诵读，班级定期考核，学校考核
拓展阅读	1. 童话故事、寓言故事、成语故事、神话故事等（一二年级） 2. 课内外经典书籍等（三四年级） 3. 中外经典书籍、现代散文等（五六年级）	1. 学生每天早上10分钟经典诵读 2. 与语文学科教学整合，学生课前3分钟诵读 3. 利用课外休闲时间学生自主进行诵读	所展学生阅读范围，弘扬传统文化
诗词大会	1. 小学必背古诗词75首 2. 拓展古诗词200首左右 3. 成语 4. 更多古文	学生以竞赛的形式进行过关。学校运用现代信息技术手段，进行初赛、复赛、决赛	以竞赛形式，让学生在积累、背诵、记忆的过程中感受传统文化的魅力

表 2　　　　　　　　课程具体安排

项目	时间	内容	参与人	评价	负责人
课程启动	3月3日（周五）13：30～14：10	召开课程方案解读会	全体班主任		课程负责人
	3月6日（周一）升旗仪式	召开课程启动会	全体师生		
子任务："通关小诗人"（输入阶段）	3月	1. 背诵本年级（上下册）必背篇目 2. 背诵本年级之前任意年级（上下册）必背篇目	全体学生	1. 依据学生掌握情况盖通关小印章 2. 评出班级"通关小诗人"5名，颁发小奖状（每月一次）	班主任
	4月	1. 背诵本年级（上下册）提升篇目 2. 背诵本年级之前任意年级（上下册）提升篇目			班主任
子任务："魅力小诗人"（输出阶段）	5月	1. 依据学生通关进度，继续开展通关活动 2. 月初小调研（一二年级诗词小游戏，三至六年级趣味小测试） 3. 月底小展示（以班级展示为基础，进行年级展示，每班推出一个展示内容即可）	全体学生	1. 评出班级"通关小诗人"5名，颁发小奖状 2. 依据各班调研情况，评出"魅力班级"，颁发奖状 3. 依据年级展示内容，评出展示优胜奖并颁发奖状	年级组长

续 表

项目	时间	内容	参与人	评价	负责人
子任务："魅力小诗人"（输出阶段）	6月	1. 依据学生通关进度，继续开展通关活动 2. 月初大舞台（以年级展示为基础，进行校级展示） 3. 月底进行古诗词大赛	相关学生	1. 评出班级"通关小诗人"5名，颁发小奖状 2. 依据诗词大赛结果颁发班级奖	课程负责人
子任务："休闲小诗人"	7月	依托学校暑期实践活动读本内容开展活动，开学汇报展示	全体学生	评选优秀作品并展示	课程负责人
	8月				

课程整体实施篇章如下。

（1）筹备篇——"小荷才露尖尖角"。

（2）启动篇——"千呼万唤始出来"。

（3）远航篇——"长风破浪会有时"。

中学 PBL 案例

"除藻大战"项目化合作学习实施方案

北京市顺义区杨镇第一中学　周燕　缐李犇

一、项目背景

汉石桥湿地夏季出现水华。据调查，水华不仅易造成水域缺氧环境，间接导致其他生物死亡，还会破坏水域生态系统结构，破坏生态平衡，甚至会产生一些有毒化学物质进而危害水质。

据了解汉石桥湿地常用的除藻方法是人工打捞和使用化学除藻剂，但效果不太理想。因此，汉石桥湿地管理中心希望找到一个合理的生物抑藻方法，既不影响湿地生态平衡，不影响其他生物的生存，也能产生很好的抑藻效果。

《普通高中生物学课程标准》指出，高中生物学课程既要让学生获得基础的生物学知识，又要让学生领悟生物学家在研究过程中所持有的观点以及解决问题的思路和方法。养成科学思维的习惯，形成积极的科学态度，发展终身学习及创新实践能力。这和项目化学习的定位是相似的。每门课程的学习都包含学科知识、技能、理解这三个方面的目标，项目化学习将知识、技能和对概念的理解整合在一起，最终提升学生综合素养。

学校决定与汉石桥湿地管理中心合作，模拟一场以生物方法解决汉石桥湿地水华现象为主题的招标会：学生分组通过扮演多个角色参与整个招标活动，从收集资料查找水华产生原因，提出实验方案，实施实验方案，收集数据对比治理效果，撰写产品报告，到参与开标和竞标，最终将中标产品做成环保海报进行宣传推广。在项目化学习过程中，学生不仅获得生物学方面的知识，还通过探究实验，发展了实验技能和撰写报告、标书的技能，在竞标的环节体验到团队合作的力量和公司运营的经验，增强了团队合作精神。最重要的是，学生积极运用生物学知识方法，尝试解决现实生物问题，树立和践行"绿水青山就是金山银山"的理念，形成生态意识，参与环境保护实践。

二、项目核心知识与技能

（一）高中生物学

1. 知识点

（1）纯净的微生物培养物是发酵工程的基础；无菌操作技术、配制特定培养基、接种和培养特定微生物的方法。

（2）不同种群的生物在长期适应环境和彼此相互适应的

过程中形成动态的生物群落；阐明特定群落的水平结构和垂直结构特征。

（3）生物群落与非生物的环境因素相互作用，形成多样化的生态系统，完成物质循环、能量流动和信息传递；通过分析生态系统物质循环和能量流动规律，人们能够更加科学有效利用生态系统中的资源。

（4）生态系统通过自我调节作用抵御和消除一定限度的外来干扰，保持或恢复自身结构和功能的相对稳定；生态系统受到一定限度的外来干扰时，能够通过自我调节维持稳定。

（5）人类活动对生态系统的动态平衡有着深远的影响，依据生态学原理保护环境是人类生存和可持续发展的必要条件；根据生态学原理，采用系统工程的方法和技术，达到资源多层次和循环利用的目的，可使特定区域的人和自然环境均受益。

（6）物质通过被动运输、主动运输等方式进出细胞，以维持细胞的正常代谢活动；细胞通过分裂进行增殖。

2. 技能

（1）配制微生物培养基、接种、培养分离、掌握计数技术和无菌技术。

（2）依据生态学原理改善和治理生态系统，使其恢复生态平衡。

（3）探究实验：提出问题、做出假设、设计实验、实施实验、收集数据、对照分析、得出实验结论以及撰写实验报告。

3. **关键概念和观点**

形成生态文明意识，参与环境保护实践。

（二）高中化学

水体总氮、总磷、浊度和透明度的测定方法。

（三）经济学

（1）了解公司运营流程。

（2）降低公司研发成本。

（3）了解招标会整体流程。

（4）撰写标书、招标公告。

（四）社会学

（1）提升项目活动中团队合作精神。

（2）提升解决问题过程中的决策能力。

（五）美术

制作合理、美观的宣传海报。

三、驱动性问题、大任务和核心成果（见图1）

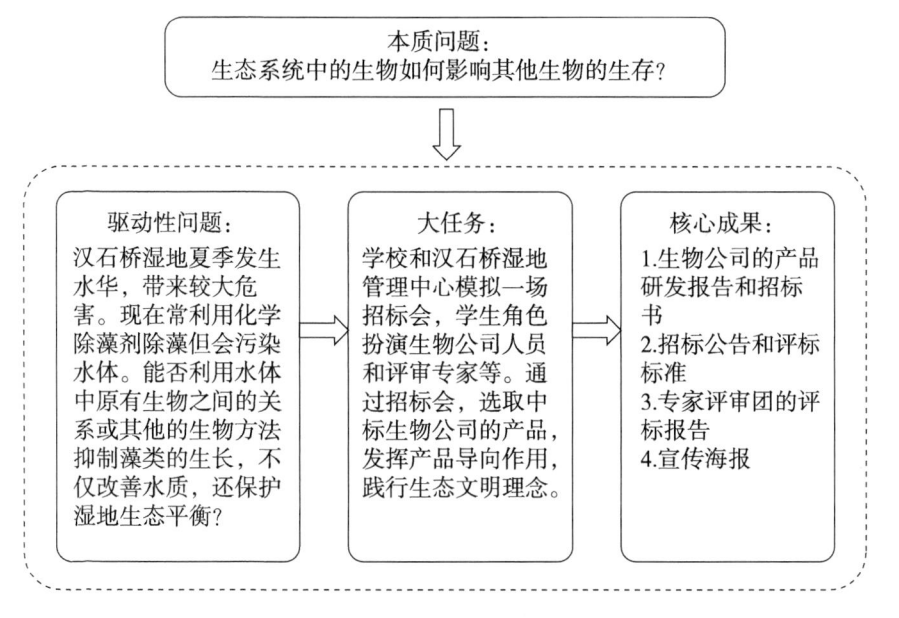

本质问题：
生态系统中的生物如何影响其他生物的生存？

驱动性问题：
汉石桥湿地夏季发生水华，带来较大危害。现在常利用化学除藻剂除藻但会污染水体。能否利用水体中原有生物之间的关系或其他的生物方法抑制藻类的生长，不仅改善水质，还保护湿地生态平衡？

大任务：
学校和汉石桥湿地管理中心模拟一场招标会，学生角色扮演生物公司人员和评审专家等。通过招标会，选取中标生物公司的产品，发挥产品导向作用，践行生态文明理念。

核心成果：
1. 生物公司的产品研发报告和招标书
2. 招标公告和评标标准
3. 专家评审团的评标报告
4. 宣传海报

图1 驱动性问题、大任务和核心成果

四、项目过程

（一）入项活动

时间：2022年10月27日校本选修课时间（45分钟）。

对象：高一某班学生。

活动学案：水华产生的原因、危害和控藻方法。

活动过程如下。

（1）汉石桥湿地工作人员来学校进行环保宣传，展示汉石桥湿地水华的情况、危害以及常见治理方法，提出希望利用生物方法来治理汉石桥湿地水体藻类生长问题、遏制水华、维持水体生态平衡的目标。

（2）全班学生分组讨论解决水华的生物方法。教师依据学生多样的设想，提出任务：模拟一场招标会来竞选各组的生物产品，并形成明确的产品报告等成果。

（3）全班学生依据项目目标和任务以及参考文献，讨论分析明确驱动性问题、大任务和核心成果。

（4）全班学生自愿分成五组：湿地管理中心、三家生物公司和专家评审团。明确任务，便于角色模拟。分组后各组依据参考资料讨论分析各组任务并将之细化。学生分组及细化任务见表1。

表1　　　　　　　　学生分组及细化任务

小组	生物公司1	生物公司2	生物公司3	湿地管理中心	专家组
任务细化	1. 依据控制变量法设计实验并实施实验：探究水体中微生物抑制藻类生长的效果 （注：遵循生态学原理，利用生物关系抑制藻类的生长，达到维持生态平衡的目的） 2. 收集数据：检测反映水质的指标，如水体透明度、浊度等 3. 查阅资料，了解产品报告的书写要点 4. 查阅资料，了解招标书撰写要素和流程			1. 查阅文献，了解招标公告的编写格式和编写要点 2. 查阅文献，了解评标标准编写格式和编写要点，依据任务目的撰写评标标准 3. 查阅文献，了解招标会流程，成功举办一场招标会 4. 根据中标单位的研究成果制作海报，宣传该产品保护生态环境的效果	查阅资料，了解评标报告撰写要点，根据中标流程撰写评标报告

续 表

小组	生物公司1	生物公司2	生物公司3	湿地管理中心	专家组
成果	实验报告 产品报告 招标书			招标公告 评标标准 组织招标会 宣传海报	评标报告
具体工作	撰写产品报告 设计并实施实验 撰写标书 填写观察记录表			绘制宣传海报 组织招标会 撰写招标公告 撰写评标标准	中签专家撰写评标报告（为保持公平和公开原则，12个专家在竞标前抽签，抽中的6人参与此次竞标活动）

（二）各组知识构建和合作探究

1. 生物公司活动分析

时间：2022年11月9日至活动结束前。

活动内容：设计并实施实验方案，处理数据，撰写实验报告，撰写标书。

活动过程如下。

（1）设计实验：学生查阅文献资料，初步确定利用微生物、原有水体中的水生植物和水生动物进行抑藻实验，对比实验效果，确定检测水质指标——蓝藻细胞数量（用显微计数法测）、总氮、总磷、浊度、透明度。

师生共同讨论分析，结合实验室条件、现有资源，进行两次实验方案展示和复盘，确定最终实验方案。

（2）实施实验。

（3）收集并处理数据。

（4）撰写实验报告。

（5）撰写招标书。

2. 湿地管理中心活动分析

时间：2022 年 11 月 9 日至 2023 年 1 月 12 日。

活动内容：撰写招标公告，撰写评标标准。

活动过程如下。

（1）公示招标公告和评标标准：学生查阅文献资料，撰写招标公告和评标标准，并于 2023 年 1 月 12 日起公示一周，鼓励有意向、有资质的生物公司参与公开公平的竞标。

（2）准备招标会：经与学校协商，招标会地点定在综合楼 308，时间定于 2023 年 4 月 1 日下午 3 点至 5 点。邀请学校领导观摩指导此次招标会。特邀汉石桥湿地管理中心科长观摩指导招标会。各组员查阅资料，学习招标会流程、规则，记录要点。

3. 专家组活动分析

查阅资料，学习撰写评标报告要点和招标会规则、流程。

（三）开展招标会

时间：2023 年 4 月 1 日下午 3 点至 5 点。

地点：学校综合楼 308。

特邀嘉宾：校长、副校长、主任、汉石桥湿地管理中心科长。

活动过程如下。

（1）开标。

（2）竞标。

（3）中标。

（4）公示。

（四）宣传

根据中标单位的研究成果制作海报，宣传该成果，提升大众环保意识。

五、成果评价

团队评价标准见表 2，个人评价标准见表 3。

表 2　　　　　　　　团队评价标准

评价内容	评价等级		
	优秀	达标	未达标
撰写招标书	条理清晰、项目齐全、效果好	条理清晰、项目齐全、效果一般	效果不好
撰写招标公告	条理清晰、项目齐全	项目齐全	项目不全
撰写评标标准	条理清晰、项目齐全、符合湿地环境	项目齐全	项目不全

续　表

评价内容	评价等级		
	优秀	达标	未达标
设计、实施实验	符合设计原则、实验操作规范、未出现安全事故、实验环境整洁	符合设计原则、实验操作规范、未出现安全事故	设计出现逻辑问题、操作不规范
撰写实验报告	条理清晰、数据准确、效果好	条理清晰、效果一般	效果不好
撰写评标报告	条理清晰、项目齐全、符合湿地环境，且效果最好	项目齐全、效果一般	项目齐全但效果不好
宣传海报制作	美观、突出重点、构图合理、引人关注	突出重点、构图合理	没有突出重点
组织策划招标会	会议流程合理且环节齐全、形式新颖、引人关注	会议流程合理且环节齐全	会议流程不合理且环节不齐全

表3　　　　　　　　　　个人评价标准

评价内容	评价等级		
	优秀	达标	未达标
小组合作探究活动中的团队精神	具有团队合作意识并团结同学，不"搞特殊"，朝着目标共同努力	具有团队合作意识，跟同学合作关系很好，但是干劲不足、未表现出朝着目标共同努力	没有团队合作意识，小组内"搞特殊"

续 表

评价内容	评价等级		
	优秀	达标	未达标
知识构建能力和必备技能的储备与运用	学习兴趣高昂，积极查阅资料，渴望积累知识和技能，能将积累的知识和技能运用到活动中	学习兴趣一般，能查阅资料，能积累知识和技能，在教师引导下才能将积累的知识和技能运用到活动中	学习兴趣不足，不积极查阅资料，不积累知识和技能，不能将积累的知识和技能运用到活动中

六、参考文献

[1] 夏雪梅．项目化学习设计：学习素养视角下的国际与本土实践［M］．北京：教育科学出版社，2018．

[2] 国家发展和改革委员会法规司，国务院法制办公室财金司，监察部执法监察司．中华人民共和国招标投标法实施条例释义［M］．北京：中国计划出版社，2012．

[3] 许明景．水华鱼腥藻生物防治的初步研究［D］．扬州：扬州大学，2017．

[4] 郝忠超．抑制蓝藻水华微生物的筛选与应用［D］．天津：天津科技大学，2021．

"编织梦想 描绘未来"项目案例

顺义二中 沈玉伶

一、设计背景及指导思想

1. 设计背景

许多学生喜欢动手编结，但是由于动手操作能力不同，有的学生编结出来的作品样式单一，他们对此不是太满意。时间久了，学生可能对编结失去兴趣。于是，学校劳技教师联合美术教师和科技教师，共同开发新的课程内容，探索新的表现形式：学生在掌握基本结的编制方法后，编制蜻蜓、花朵、小人儿等作品，并以小组为单位尝试把编结作品与绘画、剪纸等结合，与书法、古诗词等传统文化内容结合，形成全新的综合性作品。学生在学习的过程中了解了中华优秀传统文化。

2. 指导思想

激发学生的好奇心和想象力，增强学生的学习兴趣、创新意识和创新能力。

二、核心概念

1. 不同学科概念

美术：坚持以美育人、重视艺术体验、突出课程综合。

书法：汉字美学价值、汉字书写与运用。

语文：课程育人、突出课程时代性和典范性、加强课程内容整合。

科学：面向全体学生、立足学生进展、表达科学探究精神、反映当代科学成果。

2. 学科核心概念

劳动观念、劳动习惯、劳动能力、劳动品质、劳动精神。

三、主题活动与课程内容的联系（见图1）

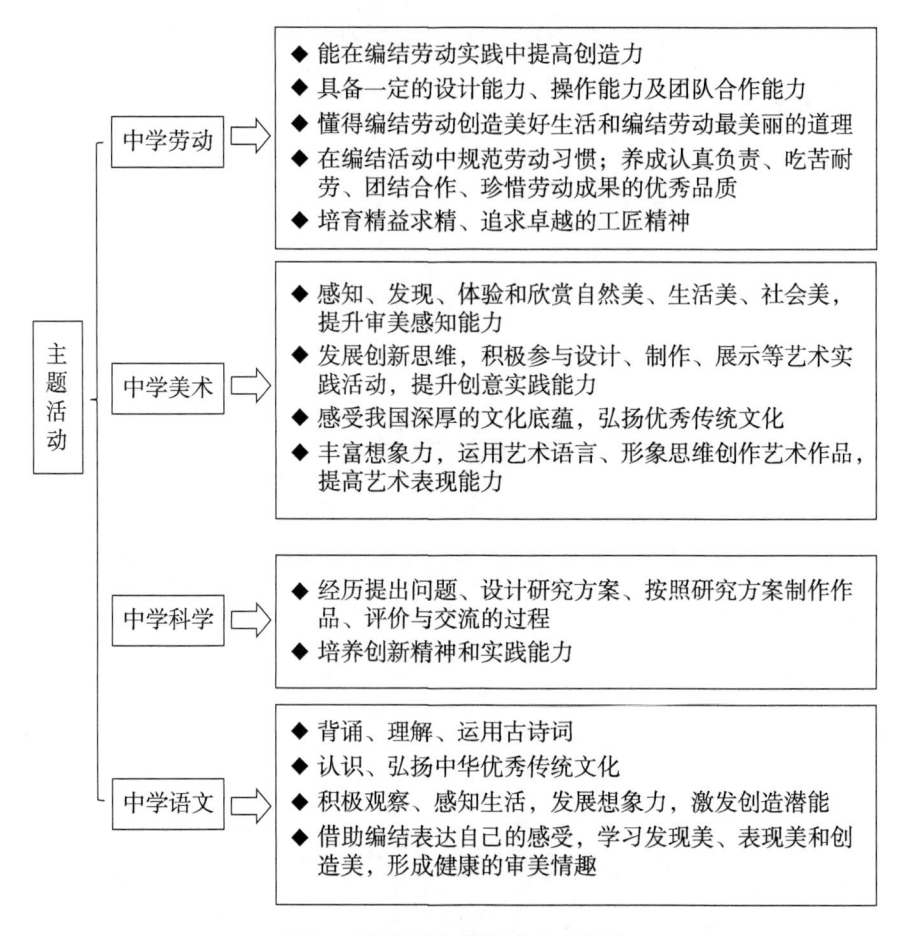

```
                    ┌─ 中学劳动 →  ◆ 能在编结劳动实践中提高创造力
                    │              ◆ 具备一定的设计能力、操作能力及团队合作能力
                    │              ◆ 懂得编结劳动创造美好生活和编结劳动最美丽的道理
                    │              ◆ 在编结活动中规范劳动习惯；养成认真负责、吃苦耐
                    │                劳、团结合作、珍惜劳动成果的优秀品质
                    │              ◆ 培育精益求精、追求卓越的工匠精神
                    │
                    │              ◆ 感知、发现、体验和欣赏自然美、生活美、社会美，
                    │                提升审美感知能力
           主题     ├─ 中学美术 →  ◆ 发展创新思维，积极参与设计、制作、展示等艺术实
           活动     │                践活动，提升创意实践能力
                    │              ◆ 感受我国深厚的文化底蕴，弘扬优秀传统文化
                    │              ◆ 丰富想象力，运用艺术语言、形象思维创作艺术作品，
                    │                提高艺术表现能力
                    │
                    ├─ 中学科学 →  ◆ 经历提出问题、设计研究方案、按照研究方案制作作
                    │                品、评价与交流的过程
                    │              ◆ 培养创新精神和实践能力
                    │
                    │              ◆ 背诵、理解、运用古诗词
                    │              ◆ 认识、弘扬中华优秀传统文化
                    └─ 中学语文 →  ◆ 积极观察、感知生活，发展想象力，激发创造潜能
                                   ◆ 借助编结表达自己的感受，学习发现美、表现美和创
                                     造美，形成健康的审美情趣
```

图1　主题活动与课程内容的联系

四、项目目标

学生学会双钱结、平结、柱形结、纽扣结等基本结的编制方法；能运用基本结编制作品。

学生运用编结作品与美术、语文等知识，设计、制作二十四节气作品，具有团队合作能力，感受编织梦想、描绘未来的奇妙，学习中华传统文化中二十四节气的内涵，养成精益求精、追求卓越的工匠精神和乐于动手的劳动态度。

学生懂得编结劳动创造美好生活和编结劳动最美丽的道理。

学生在编结活动中规范劳动习惯；养成认真负责、吃苦耐劳、团结合作、珍惜劳动成果的优秀品质。

五、教学环节

教学环节概述见表1。

表1　　　　　　　　教学环节概述

课时	课程内容	课时目标	主要学习方式	学生任务
第一课时：入项	1. 启动 2. 问卷调查（项目问卷见附件一） 3. 了解项目内容 （1）欣赏学生作品 （2）欣赏教师作品 （3）组建团队	学生了解本项目	1. 独立完成问卷调查 2. 欣赏 3. 组建团队	1. 填写问卷调查表 2. 欣赏作品 3. 组建团队
第二、三课时：基本结编制	1. 基本结——双钱结学习 双钱结编制过程			

续　表

课时	课程内容	课时目标	主要学习方式	学生任务
第二、三课时：基本结编制	2. 基本结——平结学习 编1个双线单平结（左侧编）　右线左折　左线压右线并从背后的右线圈中穿出 拉紧 平结编制过程 3. 基本结——柱形结学习 柱形结编制过程 4. 基本结——纽扣结学习 纽扣结编制过程	学生学会双钱结、平结、柱形结、纽扣结等基本结的编制方法	在教师指导下，独立编结	编双钱结、平结、柱形结、纽扣结等基本结

续 表

课时	课程内容	课时目标	主要学习方式	学生任务
第四、五课时：编制作品	运用基本结编玫瑰花、太阳花、小人儿、雪花等 1. 分析作品 花瓣：双钱结 花芯：纽扣结 → 单线双平结 作品分析1 → 纽扣结 → 双线双平结 → 柱形结 作品分析2 2. 小组编制玫瑰花、太阳花、小人儿、雪花等 安全提示：使用剪刀和打火机结尾时要注意安全，不能将剪刀指向他人，打火机要垂直使用，手不能直接接触烧热的编结线	学生利用双钱结、平结、柱形结、纽扣结等编制作品	小组合作	完成玫瑰花、太阳花、小人儿、雪花等作品

续 表

课时	课程内容	课时目标	主要学习方式	学生任务
第六、七课时：创作二十四节气作品	1. 观看关于二十四节气的由来、含义、特点等的视频 2. 运用美术中的绘画、剪纸、拼贴、书法，语文中的古诗词等与编制作品进行整合。设计、制作二十四节气作品，弘扬优秀传统文化，感受二十四节气之美	学生设计创作二十四节气作品	1. 欣赏 2. 小组合作	完成二十四节气作品
第八课时：设计作品展	1. 设计具有特色的作品展 2. 展示交流设计方案 3. 选出具有特色的设计方案 4. 布置作品展	学生设计、布置作品展	小组合作	设计、布置作品展
第九、十课时：参观作品展和赠送作品	1. 参观作品展 2. 将作品送给前来学校参观的教师或他人 (1) 讨论、交流小组作品赠送给谁，说出赠送的理由 (2) 进行作品赠送	1. 学生参观作品展，互相学习 2. 学生赠送礼品，接受劳动教育和感恩教育	1. 参观 2. 赠送作品	1. 参观作品展 2. 赠送作品

附件一：项目问卷

项目问卷

1. 你的性别： （   ）

   A. 男　　　　　　　　　　B. 女

2. 你喜欢编结这门课吗？ （   ）

A. 非常喜欢 B. 喜欢

C. 一般 D. 不喜欢

3. 你对学习编结的兴趣程度如何？   （   ）

   A. 非常感兴趣 B. 比较感兴趣

   C. 一般 D. 不太感兴趣

   E. 没有兴趣

4. 你对编结中的哪类内容比较感兴趣？（可多选）（   ）

   A. 基本结 B. 实用结

   C. 作品设计 D. 编织小作品

5. 你喜欢编制挂饰作品吗？   （   ）

   A. 非常喜欢 B. 喜欢

   C. 一般 D. 不喜欢

6. 你喜欢编制首饰作品吗？   （   ）

   A. 非常喜欢 B. 喜欢

   C. 一般 D. 不喜欢

7. 你喜欢用编制的小作品装饰生活吗？   （   ）

   A. 非常喜欢 B. 喜欢

   C. 一般 D. 不喜欢

8. 你喜欢实用结在生活中的运用吗？   （   ）

   A. 非常喜欢 B. 喜欢

   C. 一般 D. 不喜欢

9. 你喜欢美术中的哪种表现方式？（可多选）   （   ）

   A. 绘画 B. 剪纸

C. 拼贴 　　　　　　　　D. 其他：_____

10. 你认为美术中的哪种表现方式与编结作品结合效果会更好？（可多选）　　　　　　　　　　　　　　　　（　　）

　　A. 绘画 　　　　　　　　B. 剪纸
　　C. 拼贴 　　　　　　　　D. 其他：_____

11. 你认为美术中的哪种表现方式可以与编结作品结合起来？制作出什么样的综合作品更好看？　　　　（　　）

　　A. 绘画　装饰画 　　　　B. 剪纸　装饰画
　　C. 拼贴　装饰画 　　　　D. 其他：_____

12. 你认为哪些内容可以与编结作品相结合？（可多选）
　　　　　　　　　　　　　　　　　　　　　　　　（　　）

　　A. 美术 　　　　　　　　B. 二十四节气
　　C. 书法 　　　　　　　　D. 其他：_____

13. 你认为美术中的哪种表现方式可以与编结作品结合起来？还可以制作出什么样的综合作品？　　　　（　　）

　　A. 绘画　书签 　　　　　B. 书法　对联
　　C. 绘画　扇子 　　　　　D. 其他：_____

14. 你对"编织梦想　描绘未来"项目有什么自己的见解吗？

_____

_____

_____

附件二：作品形式、评价量规、工具等（见表2）

表2　　　　　作品形式、评价量规、工具等

作品	作品形式	评价量规 超越标准	评价量规 达到标准	评价量规 未达标准	学生完成作品所需工具等
个体作品	基本结	熟练掌握双钱结、平结、柱形结、纽扣结等基本结的编制方法	掌握双钱结、平结、柱形结、纽扣结的编制方法	不能够掌握双钱结、平结、柱形结、纽扣结的编制方法	编结线、剪刀、打火机
团队作品	玫瑰花、太阳花、小人、雪花	能够运用双钱结、平结、柱形结、纽扣结编制玫瑰花、太阳花、小人、雪花	基本能够运用双钱结、平结、柱形结、纽扣结编制玫瑰花、太阳花、小人、雪花	大致能够运用双钱结、平结、柱形结、纽扣结编制玫瑰花、太阳花、小人、雪花	编结线、剪刀、打火机
团队作品	二十四节气作品	能够运用绘画、剪纸、拼贴、书法中的3种或以上方式对编制作品进行整合，设计、制作二十四节气作品；弘扬中华优秀传统文化	运用绘画、剪纸、拼贴、书法中的2种方式对编制作品进行整合，设计、制作二十四节气作品	运用绘画、书法、剪纸、拼贴中的1种方式对编制作品进行整合，设计、制作二十四节气作品	美术边框纸、502胶水、水彩笔、剪刀；玫瑰花、太阳花、小人、雪花等

"荒石园"里谁最美
提质增效,项目式学习助力《昆虫记》名著阅读
——新课标实施后借助项目式学习推进整本书阅读教学

顺义十二中　赵春宇

一、时代的导向——项目式学习的价值

1. 时代的导向——"双减"政策下义务教育课程方案和课程标准（2022年版）的推进

2021年的《关于进一步减轻义务教育阶段学生作业负担和校外培训负担的意见》指出，减轻学生过重作业负担，提升学校课后服务水平，满足学生多样化需求，大力提升教育教学质量，确保学生在校内学足学好。"双减"政策出台的目的是通过加强学校教育、提高学校课堂教学质量、优化作业布置、提升课后活动质量，减轻学生的课余负担，提升学生的综合素养、构建教育良好生态。"双减"政策让学科教育重新回归学校，"减负增效"是根本。

《义务教育课程方案（2022年版）》提出，强化课程综合性和实践性，推动育人方式变革，着力发展学生核心素养。加强课程内容与学生经验、社会生活的联系，强化学科内知识整合，统筹设计综合课程和跨学科主题学习。加强综合课程建设，完善综合课程科目设置，注重培养学生在真实情境中综合运用知识解决问题的能力。开展跨学科主题教学，强化课程协同育人功能。新课标下的课程改革方向：跨学科、项目制、综合性、实践性。

2. 大单元学习目标引领——深化理解《昆虫记》的根本特征

《义务教育课程方案（2022年版）》"课程实施"里的深化教学改革部分提到，探索大单元教学，积极开展主题化、项目式学习等综合性教学活动，促进学生举一反三、融会贯通，加强知识间的内在关联，促进知识结构化。

细读教材内容，可以发现，《昆虫记》相关内容所在单元课内选编的都是事物说明文，有介绍中国建筑、园林、绘画艺术的文章，希望学生在阅读后可以了解我国人民在这些方面的卓越成就，感受前人的非凡智慧与杰出创造力，产生文化自信；还有介绍动物的文章，引导学生发现大自然的奥秘，激发科学探索的兴趣。该单元在语文能力方面的落脚点是"把握说明对象的特征，了解文章是如何使用恰当的方法来说明的；体会说明文语言严谨、准确的特点，增强思维的条理性和严密性"。

《昆虫记》是用通俗有趣的语言深入浅出地讲述昆虫鲜为人

知生活的优秀著作。书中法布尔根据观察获得的第一手材料，将昆虫鲜为人知的生活习性生动地描写出来，揭开了昆虫世界一个又一个奥秘，学生通过阅读可以把握各种昆虫特征。同时学生在阅读中能感受到《昆虫记》的文风优美并不在于琢句，而在于作者的情怀。所谓"风格即人格"，法布尔在劳苦大众的怀抱中长大，理解、同情劳动人民。他以同情人民的心去同情渺小的昆虫，他怀着对渺小生命的尊重与热爱去描写甚至歌颂"微不足道"的昆虫。这就是《昆虫记》充满人情味的原因。在阅读过程中，学生应体会法布尔写书的目的，不是建立一个完整的理论体系，而是通过本书让人类认识和理解极其丰富、复杂的昆虫世界，从而热爱昆虫、热爱生命、热爱生活。《昆虫记》拥有科学性、哲学性与文学性三重特征。为了避免学生阅读潦草肤浅，通过项目化学习活动，推进学生深入阅读、趣味阅读，在阅读中感受科普文"宏观叙事的风格，将自然科学、现实生活和社会科学联为一体"的写作风格，同时引导学生透过"虫生"去反思人生，让阅读有一个好的情感升华。

3. 学生的实际需求——希望有生动深刻的阅读体验

八年级大部分学生已经阅读过《朝花夕拾》《西游记》《骆驼祥子》《海底两万里》等名著，有一定的阅读积累，了解了一定的阅读策略，能在阅读中根据需要选择精读还是跳读，并且在阅读过程中结合理解或是疑问，做出一定的圈点批注，而且经过之前的不断训练和强化，学生的快速阅读能力也提升了不少。优秀学生能静下心来阅读，在教师的引导下深入分析文本；部分学生缺乏有效的阅读规划，粗读、泛读多，精读少。整体来看，阅读中学生较少把阅读和生活有机结合起来，不能边读边思考，无法借助阅读名著指导自己的写作或是引发对生活的深入感悟，所以阅读质量偏低。而且有学生反映阅读后印象不够深刻，阅读对自己的实际生活影响不深。依据学生的阅读学习发展需求，围绕着《昆虫记》整本书阅读，编排精彩的"虫生"世界相关舞台剧的项目情境设置存在可行性。由于学生缺乏剧本编写以及舞台剧表演相关知识，本次名著阅读项目化学习的过程中教师需要适当补充相关的创作和表演知识，助力学生展演精彩的舞台剧。

4. 实施项目式学习——找准"融合点"，高效推进阅读效率的提升

项目式学习以学生为主体，关照学生的学习情况，根据学情调查以及教学、生活中的经验，确定项目教学问题，合理利用生活中的多种材料（教材、课外阅读资料、影音资料等），将其作为教学参考设计学习任务，突破整本书阅读的单一化限制，实现学生语言运用的综合化、具体化。项目式学习希望学生能够在"做中学"，运用已有的认知经验，结合具体的情境深入参与活动。在名著的真实阅读过程中，在不断完成任务的过程中，学生感知昆虫世界的精彩。

二、项目设想构思

北京师范大学教授指导顺义十二中教师在学生已有学习经验的基础上，为学生创建一个真实的、熟悉的、具有挑战性的驱动性问题，然后让学生在充分合作过程中解决一系列相互关联的问题，最终呈现可视化、可评估的成果。

（一）核心学科内容

语文层面：第一，阅读《昆虫记》，能够准确概括各种昆虫成长繁殖的特点，品味作品中富有表现力的语言，结合实际生活，能对作品中感人的场景和形象说出体验评价，从中获得对自然、社会、人生的有益启示。第二，思辨性阅读与表达。在阅读《昆虫记》、完成舞台剧的语文实践阅读活动中，通过比较、推理、讨论等方式，解决疑惑，增强对生活中是非、善恶、美丑的分辨能力。转换角色，用生动传神的语言，设身处地讲述各种昆虫的真实生活。第三，通读整本书，在逐步完成主题项目活动的过程中建立读书共同体，交流读书心得，分享阅读经验，培养良好阅读习惯。通过学习小组，在共同解决问题的过程中增强合作意识。

生物层面：明确各种昆虫的成长与繁殖特点。

美术层面：主题绘画，结合作品进行恰当的舞台设计，利用生活中的资源为各种昆虫设计合理的、能够表现其特征的服饰。

（二）驱动性问题

驱动性问题应该是开放的、能够引导学生思考的、能将学生引进他们感兴趣的情境当中的。教师设计了这样一个问题："在阅读《昆虫记》后，利用什么样的方式向别人介绍作品内容、作品的写作风格以及对自己的深刻影响？"学生提出可以用"演"的方式，把文本内容生动展示出来。教师追问："对于演，我们还需要进行哪些方面的准备呢？"表演对学生来说富有挑战性，不是简单阅读就可以完成的，学生需要观摩舞台剧、编写剧本、导演、分配角色、进行舞台布置、制作服装道具，等等。

（三）任务细化

子问题一：怎样有效通读整本书？

子任务一：利用两周时间有计划地完成《昆虫记》阅读，做出恰当批注。（标出专业性较强的概念、术语，标出重点、难点、疑点、精彩点，标出借助阅读学到的科学家的观察探究方法，观察到的身边的昆虫或其他小动物的情况）

成果展示：展示交流阅读中的技巧与圈点批注的内容。

子问题二：怎样看待昆虫世界的"母爱"？

子任务二：精读指定昆虫的相关内容，辩证看待它们在繁殖过程中的特性。

成果展示："母爱"颂歌。

子问题三：参与舞台剧表演，结合自己的特长，我能够担当什么角色？

子任务三：在下列问题中挑1个回答。

①假如我是编剧，我会选取哪几种昆虫的生活进行设计，怎样安排其生活状况；我会安排哪些矛盾，借此展现各种昆虫的特点？

②假如我是导演，我会选择什么样的演员饰演什么昆虫，因为什么；我会安排谁先出场，因为什么；最终安排什么样的结果，吊足观众的胃口，得到观众的认可？

③假如我饰演××昆虫，我会怎样做？

④假如我是灯光师（摄影师），我会怎样设计背景？

⑤假如我是音乐师，我会在什么情况下，选取什么音乐，表现××昆虫的什么特点？

⑥假如我是服装道具师，我会为××昆虫，选取××服装，安排××道具，因为什么？

⑦假如我是宣传员，我会设计什么样的海报来做宣传，吸引观众来观看？

成果展示："荒石园里谁最美"——《昆虫记》舞台剧展演。

（四）学习实践

在本次项目化学习过程中，学生通过观摩舞台剧的表演、收集相关视频资料、确定舞台剧的主题、编写剧本、选择形象气质符合相关昆虫特点的演员、排练磨合、选配背景音乐、搭配服饰、设计宣传海报等一系列活动，完全投入舞台剧的设计活动，每个人角色分工明确，积极主动完成承担的任务。这培养了他们在复杂的情境中解决实际问题的能力,实现了"做中学"的目的。

(五) 成果展示

本次项目化学习的成果——"荒石园里谁最美"《昆虫记》舞台剧展演,源于学生希望生动、深刻阅读名著的需求。通过舞台剧展示,学生不仅生动地再现了各种昆虫的生活,还融入了对现实生活的思考,建立了表演意识。这也引发了一些学生的生涯规划。

(六) 学习评价

项目化学习的评价应该包括对过程和成果的两重评价。在实践过程中,师生通过协商,确定了编剧创作、导演排练、演员表演、绘制海报等几方面的评价内容,引导创作和表演的丰富性。利用"荒石园里谁最美"《昆虫记》舞台剧展演总评分标准,评价的维度指向了学生的表演与配合。各方面评价内容及标准见表1,"荒石园里谁最美"《昆虫记》舞台剧展演总评分标准见表2。

表1　　　　　　　各方面评价内容及标准

		评价内容及标准	赋值(分)	得分(分)
编剧创作	中心明确	用精准的语句阐述观点:我(我们)"美"在……	2	
	思考感悟	有真情实感,借助昆虫的语言、行为表达自己对自然、社会、人生的感受	4	
	语言表达	把叙述语言改编成人物的对话,人物对话丰富,语言连贯流畅、通俗易懂	3	
	合理想象	表演时添加适当的表情或动作	1	

续　表

评价内容及标准			赋值（分）	得分（分）
导演排练	选择演员	演员外形气质符合昆虫（人物）特点	2	
	情节安排	通盘考虑戏剧冲突的开端、发展、高潮和结局在整个剧本中的布局	3	
	出场顺序	根据剧本的情节和结构确定全剧及每场戏的出场人物及其上下场情况	3	
	舞台设计	有舞台场景说明：故事发生的时间、地点及环境；服装、道具安排提示	2	
演员表演	语言（台词）	人物的心理活动、相互关系，以及幕后发生的情节，通过人物的台词自然地显示出来，音量够大	3	
	动作	动作幅度明显，符合昆虫（人物）性格	3	
	表情	按照剧中人物的需要做出表情变化，表情转变得快，有意识去控制表情，让观众跟随演员的情绪变化融入剧情	3	
	交流配合	与成员直接交流、与观众间接交流融洽自然	1	
绘制海报	主题	文字鲜明突出，表达内容精练	2	
	色彩图片	有充分的视觉冲击力，达到总体协调、局部对比效果	4	
	版式	可以做艺术性处理，吸引观众，关注细节	3	
	创新	结合舞台剧表演的内容，设计新颖，视觉效果明确	1	
效果创设	场景布置	符合人物（昆虫）生活场景实际	2	
	服装道具	演员所用的头饰、服装和道具有助于增强表现力	3	
	背景音乐	营造恰当的气氛，助力表现人物（昆虫）的情感	3	
	灯光效果	创设昆虫生活的情境	2	

表2 "荒石园里谁最美"《昆虫记》舞台剧展演总评分标准

评分标准（满分100分）	得分（分）
人物扮相符合作品中昆虫的形象特点（10分）	
人物语言生动形象，动作表达准确，表演到位，情绪饱满、有感染力，表演符合昆虫的行为特点，并且能够适当折射人生现实（50分）	
演员配合默契，能够灵活应对突发事件（20分）	
演员走场恰当，表演自然（10分）	
表演形式富有创意，选配的背景图片、音乐等与故事内容贴合（10分）	
总分	

您认为本班表演最精彩的是：
螳螂　蝉　豌豆象　萤火虫　大孔雀蝶　朗格多克蝎　蟋蟀　舍腰蜂（请在饰演的昆虫名字上画勾，只限1或2个）

三、项目具体实施

（一）阅读与舞台剧观摩

1. 阅读习惯的养成——通读整本书，在阅读过程中圈点批注，全面了解内容

学生用两周的时间通读全书，每天阅读二至三章，也可以依据自己的兴趣自行安排阅读进度，注意保持阅读的连续性与完整性；在阅读中，随手将一些专业性较强的概念、术语等标注出来，及时查阅工具书和其他相关资料，把握其含义；阅读中进行恰当批注，并进行读书笔记整理。

2. 观摩舞台剧《猫》相关视频，了解故事情节以及舞台剧的表现形式和特点

观看《猫》后，师生得出以下结论：童话诗的情节更适合学生欣赏，故事情节通俗易懂但具有戏剧性，结构紧凑。为了传达剧情，其使用了大量的舞蹈（肢体活动）表现猫不同的特征和性格。动作有相应改变，以此凸显猫神秘、高傲等特点。舞蹈场面必有歌声出现，多选择渐进式与突变式的音乐风格，随不同角色的出场不断变化音乐主题，让观众在理解故事之余觉得自然与舒适；很好完成了剧情传递与表达，带给观众强烈的听觉冲击，令人陶醉其中。故事寓意深刻，剧目巧妙地用猫的世界来类比人类社会，以猫喻人，用有趣的故事讲述关于爱、包容、成长的人生道理，引发关于世界观和人生态度的探讨。根据达成的共识，学生模拟进行《昆虫记》舞台剧的设计：围绕"评选荒石园里最美的昆虫"，各个昆虫结合自己的生活习性等展现独特之处，"选美"大赛请法布尔先生做评委。

（二）编写剧本：尊重原文，创意思维——书写"金牌昆虫"的赞歌

精读《昆虫记》有关"蟋蟀""螳螂""朗格多克蝎""豌豆

象""螳螂"等内容，圈点批注能够体现这些昆虫在繁殖生存中深邃"母爱"的语句，思考作为编剧，会编写怎样的剧本，来客观真实又生动地再现其安排子女生活的情境。结合生活实际想想其是"慈母"还是"虎妈"。

围绕"昆虫世界的'母爱'"进行剧本初始创作，加深对不同昆虫繁殖方式的认识，同时直观感受《昆虫记》语言的生动、有趣、充满感情。学生发现：法布尔比我们发现得多。学生在切身阅读体会的交流和辅读材料的呈现中不断领悟，法布尔对待昆虫深情凝视，这是一种对待生命的态度，一种对生命的热爱。只有热爱才会投入。教师引导学生在编写剧本时关注"虫性"，要由昆虫世界折射出社会人生。

在此基础上，几名编剧分工协商，选定编写的昆虫，以及昆虫身上的"闪光点"。

（三）分幕备演：小组成员明确任务，人人参与创意表达

以编剧为组长，学生自愿组成表演小组，结合编剧对剧本的改编，小组成员排练，结合剧情需要，自制服装道具，选择背景音乐。导演进行前期巡视指导，强调各组选择一种昆虫来进行选美比赛，力求通过通俗、幽默、形象的语言，夸张一些的肢体行为，恰当的昆虫称谓（给昆虫起个有特定意义的名字），形象的服装，展示其不同之处。同时选择恰当的背景音乐、灯光设计，渲染气氛，展现昆虫世界，诉说感人至深的真情告白，最终让别

的种类的昆虫能加强对其的了解，更获得选美比赛的桂冠，将创意表达进行到底。

（四）精致整合：导演掌控全局，分幕演出精彩展示

导演结合各组创意，和美术编辑交流展演海报的设计；和各组编剧协商，确定演出顺序，以及各组表演中的场景、灯光、音乐需求，向专门负责此项工作的同学提出设想，进行具体整合。对于饰演法布尔的同学，导演要根据各组的展示特点，同其交流台词，对各个昆虫进行恰当评说，结合表演评选最美昆虫。最终展示环节，各个小组充分发挥优势，有唱歌的、弹琴的、播放视频的，展示"虫生"魅力。学生积极参与、自愿组合、自导自演、自制服装道具、手绘宣传海报，并结合剧情需要，选择背景音乐渲染气氛。在具体的准备活动中，学生进一步对名著深入学习，由阅读文字到深刻感受形象，进而思考人生。

四、拓展思考：项目化学习在今后语文教学中的运用

《义务教育语文课程标准（2022年版）》中，"整本书阅读"以拓展型学习任务群的形式，与"实用性阅读与交流""文学阅读与创意表达""思辨性阅读与表达"3个发展型学习任务群并列。"整本书阅读"已独立于实用性、文学、思辨性阅读之外，要求更高阶的综合阅读能力。学生要达到这样高阶的综合阅读能

力，除了要对教材单元提到的单篇阅读中应掌握的阅读策略如精读、略读、浏览等进行综合运用，还需要开发出更多整本书阅读特有的阅读策略。这些新的阅读策略，将支撑"整本书阅读"，构建阅读素养。

在《昆虫记》中，各篇目相对独立，昆虫的种类和习性也不尽相同，学生读完之后往往无法形成系统认知。项目式学习创设一个具体的情境，让学生有工作可做，在做工作的过程当中，发现该工作的趣味性。如编剧这个工作，能够把更精彩的对话带给观众，然后让观众通过这些对话更深入思考人生。而且这种项目式学习，对于学生的综合素养提升是有帮助的，能够较好落实学校教育的"提质增效"。

本项目还可以在以下两个方面提升：一是阅读体验应该影响人生规划；二是增强真实性。可以请更专业的人士进行指导，经过多次迭代演出，学生更能进入角色，用自己的语言、行动诠释形象。

总之，项目式学习创设真实而科学的情境，让学生可以带着兴趣和任务去阅读。深入阅读与表达建立在高阶思维之上，注重读、写、演相结合，在阅读中了解写作方法，再模仿写作方式与风格，"写"又反哺了深入"读"，"演"又引发了人生思考，带领学生在整本书阅读中走了个来回。这是对思维的培养，更是养成良好阅读习惯的一大助力。

整体项目流程见图1。

通向未来的桥梁（上）

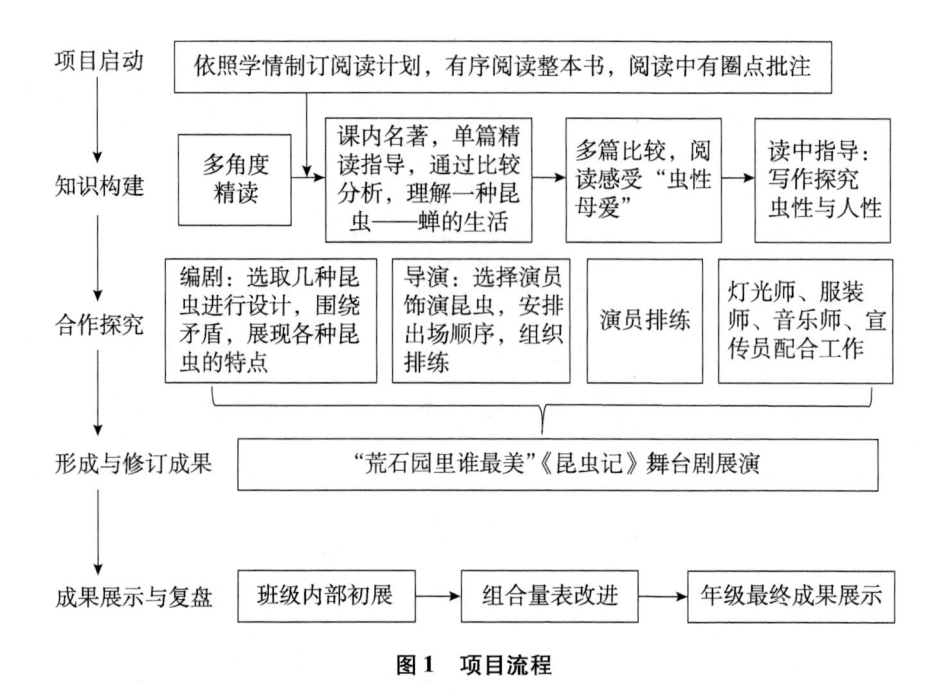

项目启动	依照学情制订阅读计划，有序阅读整本书，阅读中有圈点批注

知识构建：多角度精读 → 课内名著，单篇精读指导，通过比较分析，理解一种昆虫——蝉的生活 → 多篇比较，阅读感受"虫性母爱" → 读中指导：写作探究虫性与人性

合作探究：编剧：选取几种昆虫进行设计，围绕矛盾，展现各种昆虫的特点 | 导演：选择演员饰演昆虫，安排出场顺序，组织排练 | 演员排练 | 灯光师、服装师、音乐师、宣传员配合工作

形成与修订成果："荒石园里谁最美"《昆虫记》舞台剧展演

成果展示与复盘：班级内部初展 → 组合量表改进 → 年级最终成果展示

图1　项目流程